Your Story, Well Told

스토리텔링 대화법

내가 가장 사랑하는 스토리텔러인 부모님께

어디서나 누구를 만나든

좋은 관계를 만들어주는

Your Story, Well Told

스토리텔링 대화법

코리 로즌 지음 ㅣ 김완교 옮김

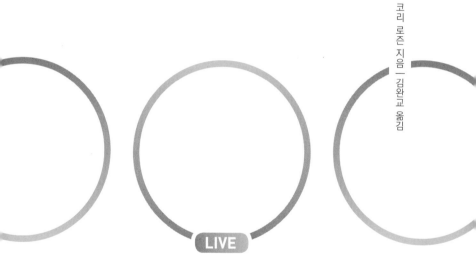

LIVE

목차

추천사

장담컨대 이 책은 훌륭한 스토리텔링 관련서다. 굉장한 조언과 팁들이 가득하다. 지금부터 내가 왜 이 책의 추천사를 써달라는 요청을 받아들였는지, 여러분이 왜 이 책을 한 장 한 장 자세히 읽어야 하는지, 왜 저자인 코리를 스토리텔링 코치로 믿고 따라야 하는지 말하고자 한다.

때는 밤이었다. 코리와 나, 그리고 친구 스콧, 이렇게 세 사람은 캘리포니아 새너제이에 있는 한 클럽에서 줄을 서고 있었다. 당시 우리는 스콧이 최근에 반한 가수 앨라니스 모리셋(Alanis Morissette)을 보려고 모인 참이었다. 그때는 앨라니스 모리셋이 아직 유명해지기 전이었다. 세 번째 앨범 〈재그드 리틀 필(Jagged Little Pill)〉이 나온 지 얼마 안 됐을 때였다. 앨라니스 모리셋은 그로부터 반년 후에나 유명세를 치른다.

저자인 코리와 친구 스콧은 조지 루카스의 특수 효과 회사인 인더스트리얼 라이트 & 매직(Industrial Light & Magic), 줄여서 'ILM'이라는 회사에서 같이 일했다. 회사는 오래된 쇼핑몰 건물에 있었다. 내게는 이 점이 매력적으로 다가왔다. 마치 '여긴 아무것도 볼게 없어'라고 선언하는 듯했다. 쇼핑몰 안에서 코리와 스콧은 〈스타워즈〉 영화에 나오는 '쩌는' 작업을 했는데 아직까지도 업계에 전설로 남아 있다.

그날 밤엔 없었지만 코리와 스콧 외에 조지라는 친구도 ILM에서 함께 일했다. 조지는 저자인 코리의 룸메이트였지만 내 스토리엔 등장하지 않는다. 그저 코리와 비교 대상이 될 뿐이다. 조지는 항상 비싼 검은색 옷을 입었고 ILM이라는 회사 이름을 롤스로이스 보닛 엠블럼이라도 되는 듯 자랑하고 다녔다. 반대로 코리는 항상 갈색 톤의 옷을 입었고, 내 기억이 맞다면(나도 스토리텔러라 웬만하면 제대로 된 기억일 것이다), 코리는 앨라니스 모리셋 공연에도 비슷한 옷을 입고 왔다. 진한 녹색이나 갈색 코르덴 코트를 걸치고 특유의 둥근 안경을 끼고 있던 코리의 모습이 지금도 눈에 선하다.

코리는 늘 자기 일에 열정적이었지만 사람들 앞에서 거들먹거리지는 않았다. 지구상 최고의 스토리텔러가 최고의 스토리 만드는 일을 했는데도 말이다. 생각하면 할수록 저자 코리는 스타워즈를 자기가 만들었다고 자랑했어야 마땅했다. 당대 스토리의 메카에서 일하고 있었으니까. 하지만 그러기엔 코리는 너무 현실적이었다.

살면서 깨달은 점이 있는데, 가장 좋은 선생은 자신이 아는 지식을 숨기지 않고 전부 가르쳐주는 현실적인 사람이란 사실이다. 코리가 이 책에 쓴 내용이 바로 그러하다. 코리는 어떻게 자신이 대단한 스토리텔러가 됐는지 자랑하기 위해서가 아니라, 사람들이 어떻게 하면 좋은 스토리텔러가 되는지 알려주기 위해 이 책을 썼다.

코리가 ILM에서 일할 때 나는 동기 부여 강연 경력 3년 차였고, 첫 책《성공을 전공했습니다(Major in Success)》를 막 출간한 참이었다. 코리의 직업은 파티에서 대화를 유도하기 좋았지만 내 직업은 대화를 중단시키는 데 안성맞춤이었다.

"무슨 일을 하세요?"

"동기 부여 강연을 합니다."

말이 끝나기 무섭게 마치 내가 방귀라도 뀐 듯 정적이 흘렀다.

그날 밤 우리는 클럽 공연장 입구의 노란 가로등 불빛 아래 줄을 서고 있었다. 길 위에서 나누던 대화가 각자의 근황으로 이어지자 나는 스토리 하나를 들려줬다. 꽤 반응이 좋았던 스토리인데 스팸 메일로 온 9만 5,000달러짜리 가짜 수표 때문에 벌어진 일이었다. 은행에 가서 내가 장난으로 그 가짜 수표를 내밀었는데 은행 측이 실수로 실제 돈으로 정산해준 사건이다. 그 후 생각지도 못한, 말도 안 되는 일에 휘말리고 말았다. 내 직업에는 관심 없던 사람들도 다들 그 일에 대해서는 듣고 싶어 했다.

문제는 내가 이 스토리를 어떻게 말해야 할지 잘 몰랐다는 점이다. 너무 장황한 이야기였다. 6개월에 걸쳐 벌어진 일이었고, 주요 등장인물만 열두 명에 반전에 반전을 거듭해야 했다. 스토리를 제대로 들려주기에는 스토리텔링에 관한 지식이 턱없이 부족했다. 이미 한 번 이 '썰'을 2만 5,000단어나 되는 길이의 글로 써서 인터넷에 올렸다가 '바이럴'이란 용어가 자리 잡기도 전에 엄청나게 바이럴 된 적이 있었으니, 내가 스토리텔링을 잘 모른다는 말은 어쩌면 틀렸을지도 모른다. '수천 명이 읽었잖아?'라고 말할지 모르겠다. 하지만 그 글은 여전히 '썰'일 뿐이지 제대로 된 스토리는 아니었다. (2장에 '썰'과 스토리의 결정적인 차이가 나온다)

모임에 나가면 사람들은 그 스토리를 듣고 싶어 했다.

"패트릭이 스팸 메일로 받은 가짜 수표를 은행에 내밀었는데 진짜 돈으로 9만 5,000달러를 받았대. 패트릭, 그 얘기 좀 해봐!"

실제로는 굉장한 일이었는데 말로 할 때는 번번이 실패로 끝났다. '내 스토리를 말하는 일'은 사람들 앞에서 알몸으로 트위스트를 추는 일과 비슷했다. 내가 들어도 정말 재미없었다. 부끄러울 건 없다. 누구나 처음은 있는 법이니까. 하지만 금쪽같은 스토리를 똥으로 만들면 슬퍼지기 마련이다.

이런 행동을 나는 역(逆)연금술이라고 부른다. 지금 당신이 손에 쥐고 있는 이 책이 그때 나에게도 한 권 있었다면 정말로 도움이 되었을 것이다. 선형, 비선형, 꽃잎 구조, 북엔드, 플래시백, 영웅의 여정이라는 스토리 구조를 포함해 내가 수년간 스토리를 말하면서도 깨닫지 못한 중요한 개념이 이 책에 모두 담겨 있다. 아무튼 나는 좋은 스토리텔러가 아니었다.

앨라니스가 영화관에서 남자 친구와 사랑을 나눈다는 내용의 노래를 부르는 공연을 보기 위해 클럽 밖에서 기다리고 있던 그날 밤으로 돌아가 보자. 코리는 이렇게 말했다.

"패트릭, 가짜 수표 스토리는 영화로도 만들 수 있을 거야. 조셉 캠벨(Joseph Campbell)교수의 영웅의 여정이라는 스토리 구조와 딱 맞아떨어지거든."

코리는 이런 친구였다. 1995년 당시 스물두 살이던 그는 이미 스토리텔링에 진지한 학생이었다.

이 책을 한 장 한 장 자세히 읽으며 코리를 스토리텔링 코치로 믿고 따라야 한다. 코리는 공연과 교육 분야에서 20년 넘게 스토리텔링 기술을 갈고닦았다. 이 책은 코리가 스토리텔러로서 남긴 필생의 업적이다.

클럽 앞에서 줄 서서 기다리던 그날 밤을 기억하는 이유는 코리가 했던 말들이 내게 정말 소중했기 때문이다. 코리가 내 스토리에 자신감을 보여준 덕에 나 또한 내 스토리가 제대로 다듬어볼 가치가 있다는 믿음을 갖게 됐다. 그래서 진짜 스토리로 만들었고, 처음으로 원맨쇼를 진행한 뒤 15년 동안 세계를 돌며 순회공연을 했다. 가짜 수표 스토리는 책으로도 출간됐고 내가 서문을 쓰는 이 순간에도 할리우드에서 영화로 제작 중이다. 코리 말이 맞았다.

코리의 책이 당신을 위해 할 수 있는 가장 위대한 일이 한 가지 있다. 당신의 스토리도 가치가 있다는 믿음을 심어 주고 당신에게 자신감을 부여해 주는 것이다. 잘 다듬어서 남들에게 말해줄 가치가 있다는 것. 당신의 스토리가 당신을 대화의 주인공으로 만들어줄 것이며, 언젠가 영화로 만들어질지도 모르고, 어쩌면 무대에서 관객들을 쥐락펴락할지도 모른다. 중요한 것은 자신을 믿는 것이다.

코리가 내게 추천사를 부탁했을 때 내가 왜 선뜻 응했는지 당신도 이제 알 것이다. 초보든 숙련자든 스토리텔러에게 이 책은 완벽한 스토리텔링 가이드라는 사실을 알리고 싶다. '당신도 알게 될 거야'라고 말하고 싶다.

– 패트릭 콤스(Patrick Combs)

영화 《사람 대 은행 1 대 0(Man 1, Bank 0)》의 감독, 작가, 및 주연
책 《성공을 전공했습니다(Major in Success)》, 《스토리가 터져 나올 때(When You Are Bursting)》,
《캐시 미 이프 유 캔(Cash Me If You Can)》, 《목표 코드(The Purpose Code)》의 저자

2020년 10월 30일, 샌디에이고에서

서문

고래로부터 사람들은 모였다 하면 자기 경험과 모험을 스토리로 풀어놓았다. 모닥불에 둘러앉거나 침대 옆에서 술이나 차를 한 잔 하며 스토리를 말하면서 서로의 공감대를 만들고, 울고, 웃고, 배우고, 사랑에 빠졌다. 그러다 세상이 변했다. 처음에는 그리 빠르지 않았다. 작은 마을이 소도시가 되었고 어느새 대도시가 되었다. 그리고 세상은 단절되었다. 대화는 휴대폰, 컴퓨터, 이메일, 문자 메시지로 옮겨갔다. 하지만 경험과 모험은 계속되었고 이를 남들에게 얘기하고 싶은 욕망도 사라지지 않았다. 기술의 발전은 전자기기로 사람과 사람을 단절시키기도 혹은 묶으려고도 했지만 아무리 그래도 사람들은 여전히 이를 원래대로 되돌릴 방법을 찾아냈다. 친구들끼리의 모임이든 낯선 이들의 모임이든 다르지 않았다. 서로 지식을, 고통을, 배움을 가장 좋은 방식으로, 가장 강력한 방식으로 나누고자 한다. 우리 조상이 수천 년간 그랬듯 스토리텔링을 통해서 말이다.

나는 전례 없는 단절의 시대인 코로나 19 팬데믹 상황에서 이 서문을 쓰고 있다. 세상 사람들 대부분이 집에, 아파트에, 피난처에 격리되었고 용감한 의사들과 (우체국이나 식료품 가게 등 물품을 공급해주는 곳의) 필수 인력들이 무서운 전염병의 위협에 맞서 싸웠다.

하지만 사회적 거리 두기 상황에서도, 닫힌 문 너머에서도 휴대폰, 페이스타임, 그룹 화상 채팅, 온라인 공연 등을 통해 사람들은 여전히 소통하고 있다. 단절 속에서도 스토리텔링은 항상 우리 주변에 있다.

언젠가 이 모든 상황이 끝나면 닫힌 문을 열어젖히고 극장, 카페, 콘퍼런스 장에 모여 우리 스토리를 말할 것이다. 이번 사태가 있기 전후에 우리가 누구였고, 무엇을 했는지에 대한 스토리를 말이다.

이 책은 말하고 싶은 스토리가 있는 이들을 위한 책이다. 무대에서, 원맨쇼에서, 새로운 고객을 확보하기 위해서, 화상 채팅으로 손주에게 스토리를 말하고 싶은 모든 이들을 위한 책이다. 실제 있었던 일을 근사한 스토리로 발전시킬 수 있도록 이 책이 도와줄 것이다. 전 세계 애드리브 공연자들이 쓰는 발상의 기술과 과정을 통해 아이디어를 짜고, 다양한 스토리 구조와 편집 기법을 써서 실제 있던 스토리를 입 밖으로 꺼내는 방법을 가르쳐줄 것이다. 브레인스토밍과 스토리 구성부터 발표와 기억법까지, 어디서나 누구를 만나든 자신의 스토리를 말할 수 있도록 동기 부여가 되길 바란다.

더 많은 스토리가 있는 세상이 바로 내가 살고픈 세상이기 때문이다.

1장

왜 스토리텔링을 하나

우리 모두 스토리를 말한다. 항상 그렇다. 매일 자연스럽게 일어나는 일이다. 그게 바로 우리가 하는 일이다. 무대 위 스포트라이트를 받으며 스토리를 말하고 싶은 본능이 있다면 이미 그 길에 들어선 것이다. 쉬워 보일지는 몰라도 사람들 앞에서 스토리를 말하는 데는 몇 가지 기술이 필요하다.

모든 사람이 자신만의 스토리와 관점을 가지고 있다. 그러니 어떻게 당신의 스토리를 멋지게 만들 수 있는지 알아보자.

스토리텔링의 기술

나는 스타워즈 광팬이다. 어릴 때 스타워즈 영화는 내게 상상력을 불어넣어 줬고 은하 저 멀리까지 데려다주었다. 1970년대에 어린 시절을 보내며 스타워즈 장난감과 카드를 무척 아꼈다. 핼러윈 때는 스타워즈 캐릭터 옷도 사 입었다.

대학을 졸업하고 스타워즈를 만든 회사에 입사했다. 조지 루카스의 특수 효과 회사인 ILM이었다. 내게는 꿈의 직장이었다. 1990년대에 1970년대 영화의 극장 재상영용 '특별판'을 만드는 디지털 복원 작업팀에 들어갔다. 그리고 오리지널 3부작이 개봉한 지 20여 년후 (비평가와 팬들은 실망했지만) 화려하게 개봉했던 스타워즈 '프리퀄'에 나오는 새로운 캐릭터와 생물들 만드는 일도 했다.

아들 헨리를 키우면서 특히 자부심을 느낀 부분이 있는데 내 관심 분야를 아이와 공유할 수 있다는 사실이었다. 헨리는 다음 세대 스타워즈 팬이었다. 헨리가 세 살이 됐을 때도 스타워즈 장난감, 게임 등 관련 상품이 많았다. 아들이 가장 좋아하는 스타워즈 책은 스타워즈 액션 피규어 전집이었다. 정말 멋진 카탈로그였다. 지금까지 발매된 스타워즈 액션 피규어가 캐릭터별로 모두 수록되어 있었다.

우리 아들이 죽고 못 사는 책의 일부분

글자도 읽을 줄 모르는 헨리는 나와 함께 그 책을 닳도록 읽으며 내가 말해주는 캐릭터 이름을 모두 따라 외웠다.

"보바 펫! 한 솔로! 아크바르 제독!"

스타워즈 영화를 보기에는 아직 어린 아들의 마음속에서는 캐릭터가 모두 같은 비중을 가졌나 보다. 주인공인 루크 스카이워커도 숙적인 다스 베이더도 단역인 제국 장교나 맥스 레보(조연 자바 헛이 운영하는 가게의 밴드 리드 보컬. 오타쿠 주의!)보다 중요하지 않았다. 연휴가 다가오자 이베이를 뒤져 중고 스타워즈 액션 피규어를 잔뜩 파는 곳을 발견했다. 실제 액션 피규어를 갖고 놀 수 있다는 사실을 알면 아들이 어떤 반응을 보일지 잔뜩 기대가 됐다.

그렇게 도착한 물건은 상태가 제각각이었다. 몇 개는 조금 더럽거나 찌그러져 있었고 어떤 피규어는 머리가 통째로 사라지고 없었다. 스타워즈 카탈로그에서 헨리가 특별히 좋아한 캐릭터는 베스핀 경비병이었다. 공교롭게도 머리가 없는 피규어가 바로 베스핀 경비병이었다.

가슴이 미어지는 듯했다. 머리 없는 베스핀 경비병을 과연 아들의 크리스마스 선물로 줘야 할까? 그렇다면 변명을 잘해야 했다.

"그거 아니, 헨리?"

내가 운을 띄웠다.

"베스핀 경비병은 종종 머리가 없기도 해."

헨리는 눈을 가늘게 뜨더니 사진을 뚫어지게 쳐다봤다. 그러고는 어깨를 으쓱하더니 다음 장으로 넘어갔다. 어린 시절의 내가 그랬듯 내 아들이 스타워즈라는 판타지 세계를 그대로 받아들이는 모습은 놀라운 광경이었다.

마침내 크리스마스이브가 되었다. 저녁을 먹고 산타를 기다리라는 핑계로 아이를 잠자리에 들게 했다. 아들이 너무 어려서 직접 선물 꾸러미를 열어보게 하진 않았다. 대신 우리 부부가 액션 피규어를 정교하게 '전시'하고 다음 날 아침에 선물이 무엇인지 보여줬다.

우리 가족에겐 조금 이상한 전통이 있다. 아이에게 방에서 나와도 된다는 신호로 〈당나귀 도미니크(Dominic the Donkey)〉라는 노래를 틀어주는데, 경쾌한 남부 이탈리아 곡으로 시칠리아 당나귀 도미니크에 대한 노래였다. 아마 세상에서 가장 이상한 크리스마스

캐럴일 것이다.

아코디언 소리와 함께 노래가 시작되면 아이가 문을 열고 선물을 보러 나왔다. 헨리는 난롯가로 뛰어가더니 입을 쩍 벌리고 난로 위 장식장에 서 있는 각종 액션 피규어에서 눈을 떼지 못했다. 책에서 보던 장난감이 진짜로 나타난 것이다. 헨리가 신나서 방방 뛰자 정성 들여 자세를 잡아놨던 액션 피규어들이 바닥에 떨어졌다. 나는 그런 모습을 열심히 카메라에 담았다.

헨리는 쭈그려 앉더니 피규어를 찬찬히 살펴보았다. 책에서 사진으로만 봤던 캐릭터들을 실물로 경험하는 첫 순간이었다.

"맥스 레보가 있어요!"

"멋지네!"

"다스 베이더도 있고요!"

"끝내준다!"

헨리가 잠깐 멈칫했다.

"아빠! 아빠! 머리 없는 베스핀 경비병도 있어요!"

내 볼을 타고 눈물 한줄기가 흘렀다.

"그래, 멋지구나!"

이후 그 피규어들은 우리 가족이 가장 좋아하는 장난감이 되었다. 머리 없는 이 조연 캐

"베스핀 경비병은 종종 머리가 없기도 해."

릭터는 아이와 아버지의 상상 속에서 더욱 충실한 삶을 살아갔다. 우리 은하에, 아니 은하 저 멀리에 있는 누구도 상상할 수 없을 만큼.

완벽한 예시는 아니지만, 이 스토리를 분석해 보자.

우리 주변에 있거나, 일부러 수집하는 물건들은 우리가 가치를 부여하는 만큼 가치가 생긴다. 위 스토리에 나오는 머리 없는 피규어는 그저 쓰레기통에 버려질 수도 있는 물건이었다. 하지만 캐릭터의 서술을 바꾸자 이 피규어의 운명도 바뀌었다. 내 아들에게는 다른 캐릭터만큼이나 중요한 베스핀 경비병은 머리가 없을 수도 있었고 다른 캐릭터만큼 멋있을 수도 있었다.

머리 없는 베스핀 경비병에 의미를 부여하듯 스토리텔링의 '기술'은 듣는 이가 스토리에 좀 더 큰 의미를 부여할 수 있게 해준다. 좀 더 매력적이고 모두가 공감할 수 있는 의미를 말이다.

정성들여 배경을 설명하지 않고 스토리를 좀 더 단순하게 말할 수도 있다. 훨씬 간단하게 적을 수도 있다. '크리스마스에 아들에게 스타워즈 피규어를 잔뜩 사주었다. 그중 하나는 머리가 없었지만 아들은 그래도 좋아했다.'

그럼 스토리가 똑같이 느껴졌을까? 똑같은 감정을 느낄 수 있었을까? 한 달이 지나도 여전히 이 스토리를 기억할 수 있을까? 절대 그렇지 않다. 스토리텔링은 경험이나 기억에 상황, 캐릭터, 느낌을 부여한다. '크리스마스에 아이에게 머리 없는 피규어를 선물로 준다.'라는 간단한 행동에도 더 큰 의미를 줄 수 있다. 스토리를 들은 사람이 공감할 수 있거나 자기만의 기억을 떠올릴 수 있으면 더 좋다. 이런 효과가 스토리를 훨씬 더 가치 있게 만든다. 말하는 사람과 듣는 이 간에 공감대를 형성하고 서로를 이어준다. 스토리는 나만의 경험 그 이상이 된다. 스토리는 사람들의 삶과 경험을 서로 이어준다. 아니면 최소한 재미있는(혹은 공감할 수 있는) 유흥거리가 될 수 있다.

스토리마다 내포하고 있는 메시지는 다양하다. 머리 없는 피규어 스토리의 경우 사회적 메시지는 거의 없다. 그저 부모와 자식 간에 의미를 만드는 개인적인 스토리이다. 내 생각에 이 스토리는 귀엽고 '실존주의'적이다. 의미가 없는 곳에서 의미를 창조하는 스토리다. 머리 없는 피규어는 쓰레기가 될 수도 있지만, 더 큰 의미를 담은 스토리로 탄생될 기회를 주기도 한다. 부정적인 상황을 긍정적으로 바꾸며 아빠와 아들 사이에 공감대를 만들어내는 스토리이다.

스토리텔링 클래스를 처음 시작하는 학생들은 종종 이렇게 생각한다.

'나에겐 멋진 스토리가 정말 많아. 그걸 말할 무대만 있으면 돼. 나 혼자서도 무대를 휘어잡을 준비가 됐다고!'

그런 학생들의 스토리를 들어보면 확실히 다채롭고 특이한 경험이 많다. 다만 학생들의 스토리는 아직 다듬어지지 않은 날것이라 이해하기 어렵고 일관된 교훈이나 변화의 순간도 없다. 즉 연습의 과정도 거치지 않고 잘 다듬어지지 않은 스토리는 스토리로 느껴지지 않는다. 그냥 함께 공감할 수 있는 기억으로 들릴 뿐이다.

둘은 무엇이 다를까?

기억은 단편적이고, 각자 분리되어 있으며, 별 의미가 없다. 그저 살면서 일어난 일이나 만난 사람, 혹은 속해 있던 단체에 관한 일일 뿐이다. 그런 일들이 기억 속에서 중요하게 느껴지는 이유는 우리가 놀라움, 충격, 고통, 사랑, 상실 등 그 순간의 감정을 기억하기 때문이다. 문맥과 관점 없이 상대에게 이를 전달하면 스토리텔링은 실패하기 마련이다.

반대로 스토리를 듣고 인생이 바뀌는 경험을 할 수도 있다. 스토리를 듣는 짧은 순간이 삶에 지대한 영향을 주기도 한다. 나다니엘 도어스키(Nathaniel Dorsky)의 《종교적 영화(Devotional Cinema)》에 나오는 학구적인 표현을 빌려 '스토리를 듣는 경험'을 표현해 보자면 다음과 같다.

"스토리를 들으면 시간을 잊고 자기 자신만의 진정한 현실을 깊이 들여다보게 된다. 나 자신과 나를 둘러싼 세상에 좀 더 충만한 감각이 열리게 된다."

이 말을 들으니 내게 계속 살아가라고 한 스토리를 본 후 느꼈던 감정이 생각난다. 스토리를 들으며 나 자신을 잊고 한 사람의 경험에 빠져들고 나 자신을 비춰보게 됐었다.

나 또한 내 스토리를 그렇게 만들고 싶다. 여러분도 그렇지 않은가?

스토리텔링과 비즈니스

스토리에는 설득력이 있다. 이 제품을 사느냐 다른 제

품을 사느냐, 이 업체를 고용하느냐 저 업체를 고용하느냐, 이 직원을 승진시키느냐 다른 직원을 승진시키느냐의 결정적 차이를 만들기도 한다.

사람들은 일할 때 다수 앞에서 프레젠테이션을 하고 차트와 표, 그래픽 이미지를 쓴다.

우리는 학교나 직장에서 대부분 이런 종류의 프레젠테이션을 '받는' 입장이다. 당신의 의견이나 마음을 바꾸게 된 프레젠테이션을 생각해 보자. 발표자가 평범한 '영업사원'과 달랐던 점은? 혹은 더 잘했던 점은 무엇일까? 사용한 이미지의 퀄리티가 남들보다 더 좋았을까? 도움은 됐을지 모른다.

나는 프레젠테이션을 더 멋지게 만들 수 있는 최고의 비결은 바로 스토리텔링이라고 믿는다. 공감대를 형성해 주는 스토리라면 당연히 낯선 사람이나 동업자와의 공감대도 형성해 줄 수 있다. 스프레드시트나 파워포인트의 그래프보다 훨씬 효과가 좋다.

뇌는 감정적으로 와닿지 않는 데이터나 사실은 잘 기억하지 못한다. 스토리는 감정을 건드린다. 스토리는 경험에 얼굴과 감정을 씌워주고 그 결과 사람 간에 공감을 불러일으킨다.

내 아들 헨리는 학생회 총무를 뽑는 선거에 나갔을 때 전교생들 앞에서 짧은 연설을 해야 했다. 다른 학생들은 모두 선거 '공약'을 내세웠다.

"제가 당선된다면 방학 기간을 늘리겠습니다!"

"제게 표를 주신다면 모든 교실에 선풍기를 설치하겠습니다!"

"저를 뽑아주신다면 매주 금요일마다 피자 파티를 하겠습니다!"

나는 헨리에게 공약 대신 스토리를 말하도록 했다. 다음은 아들이 쓴 스토리다.

"초등학교 1학년이 된 첫날, 저는 어디로 가야 할지 몰라 길을 잃었습니다. 제가 아는 유일한 사람은 유치원 때 선생님인 크루즈 선생님이었습니다. 학교를 헤맨 끝에 크루즈 선생님 교실에 도착했고, 선생님은 저를 교실 안으로 들여보내 주셨고 소파에 앉혔습니다. 저는 소파에 앉자마자 잠이 들었죠. 그날 루프탑 학교가 서로를 돌봐주는 곳이란 사실을 배웠습니다.

세월이 지나 유치원과 초등학교 1학년 시절은 까마득한 옛날이 되었습니다. 이제는 루프탑 학교의 지리를 제 손바닥 보듯 훤히 알게 되었습니다. 유치원생에서 중학생이 될 때까지 쭉 루프탑 학교에 다니며 정말 많은 것을 받았기에 이제는 학교에 보답하고자 합니다. 저는 헨리 로즌이고 학생회 총무 후보로 나왔습니다."

어떤 종류의 영업 상황에서든 스토리가 발하는 힘을 다시금 상기해 본다. 맞다. 선거 또한 일종의 영업이다. 생각이나 행동을 바꾸게 되는 스토리를 듣고 있다면 영업을 당하는 중이라 보면 된다.

아들이 스토리로 누군가를 조종하려는 의도는 없었지만 무언가를 영업하는 건 확실했다. 바로 자기 자신을 어필하는 중이었다.

어릴 적 경험을 스토리로 만든 헨리의 영업은 결국 통했다. 사람들이 헨리를 뽑아준 것이다.

헨리는 무력하게 느껴지고 무서웠던 기억 속 감정을 사람들과 공유했다. 학교에 처음 들어온 학생들 대부분이 겪었을 감정과 경험이었을 것이다. 헨리는 이러한 경험을 비춰보고 투영해 자신이 영업하고자 하는 상품에 연관 지을 수 있다는 사실을 배웠다. 헨리는 모교를 위해 헌신하는 마음과 학생회에 들어가 학교에 보답하고자 하는 마음을 영업한 것이다.

헨리가 당선된 이유는 사람들이 원하는 것을 줬기 때문이다. 좋은 스토리는 그저 흥미로운 듣기 과정이 아니다. 좋은 스토리는 듣는 이의 삶에 의미를 부여하거나 삶을 비춰보게 한다. 헨리를 뽑아준 사람들의 심리는 이렇지 않았을까?

"헨리는 이 학교를 사랑해. 나도 이 학교를 사랑해. 헨리처럼 나를 대표해줄 수 있는 사람을 원해."

요즘 어디를 둘러봐도 스토리를 접할 수 있다. 출퇴근길 지하철 광고에서도, 차를 타고 가며 듣는 라디오 광고에서도, 교실에서도, 친구에게서도, 당신이 돌보고 있는 아이에게서도 스토리를 접할 수 있다.

'엔터테인먼트' 업계를 넘어 비즈니스, 데이트, 그 외 다른 어느 곳에서도 스토리가 효과적인 소통이란 사실이 점점 더 자명해진다. 이 책에 담긴 기술을 익히고 적용한다면 다양한 방식으로 도움이 될 것이다.

스토리텔링의 재미

——————— 내가 가르치는 클래스에서 수업 첫날 하는 게임이 있다. 게임 제목은 '그 말을 들으니 생각나는데'이다. 두 명씩 짝을 지어 한 명이 제시한 단어를 시작으로 다른 한 명이 한 가지 짧은 기억을 말한다.

🔊 예시: 제시 단어 '치즈' – 치즈 하면 어릴 때 도미노 피자가 중국 식당으로 배달 왔던 게 생각나요.

한 명이 짧은 문장으로 스토리를 끝내면 바로 다른 사람이 말한다. '그 말을 들으니 생각나는데'라는 말로 시작해 방금 들은 기억과 연관된 다른 기억을 말한다.

🔊 예시: 그 말을 들으니 생각나는데, 삼촌 생일날 가족끼리 저녁 식사를 하러 중국 식당에 갔었어요.

정말 흥미로운 스토리가 아니어도 좋다. 방금 들은 기억과 완벽하게 관련이 되어 있지 않아도 된다. 어느 정도 연관성만 있으면 된다. 설명하거나 자세히 말할 필요 없이 서로 주고받으며 게임을 이어간다.

삼촌… 그 말을 들으니 삼촌이 처음으로 저를 승마장에 데려갔던 날이 생각나요.

승마장… 그 말을 들으니 미국 전역을 차로 돌아다녔을 때 봤던 로데오가 생각나요.

자동차 여행… 그 말을 들으니 자동차 여행에서 전 애인과 싸웠던 일이 생각나요.

싸움… 그 말을 들으니 여자친구와 헤어졌던 레스토랑이 생각나요.

바람직한 '규칙'은 각각의 기억이 '서로 구분될 정도로 달라'서 자기 짝이 다른 기억을 떠올릴 만한 독특한 정보를 더해야 한다는 점이다. '그 말을 들으니 생각나는데 저도 똑같은 일을 겪었어요!' 라고 하면 도움이 안 된다. '똑같은' 일이 일어났다면 좀 더 자세하게 말해야 한다.

그 말을 들으니 여자친구한테 차였던 초밥집이 생각나네요. 초밥을 담은 배를 물 위에 띄워서 손님들 주변을 계속 돌아다니게 해놓는 곳이요.

다른 디테일을 추가하면 게임이 중단되지 않고 이어질 수 있다. 마지막 단어가 초밥에 관한 기억을, 배에 관한 기억을, 어쩌면 식당에 관한 기억을 상기시킬 수도 있다.

이런 식의 '발상' 연습은 진행이 빠르고 재밌는 데다 삶 속에 '숨겨진' 놀라운 스토리 소재를 발굴하게 해준다!

'재밌는 스토리가 없다'고 하는 사람이라면 꼭 시도해 볼 만한 재밌는 게임이다. 우리 모두 기억, 경험, 관계는 한가득 지고 살아가며,

스토리텔링의 제대로 된 기술만 갖춘다면 이 중 무엇이라도 '좋은 아이디어'가 될 수 있고 단순히 '일어난 일'이 '좋은 스토리'로 발전될 수 있다.

앞에서도 말했듯이 이 둘의 차이는 말하는 방법과 스토리를 발전시키는 기술에 달려 있다. '물 위에 배를 띄워 손님 주변을 돌아다니게 하는 초밥집에서 애인한테 차였다.' 이건 아직 제대로 된 스토리는 아니다.

이런 기억이나 아이디어를 스토리로 발전시키는 일이 '고되게' 느껴진다면 간단하고 효과 빠른 해결책이 하나 있다. 다른 이에게 자기 스토리를 그냥 말해 버리는 것이다.

버클리에서 열렸던 〈모스 스토리슬램(Moth StorySLAM)〉 (미국의 스토리텔링 쇼 – 옮긴이주)에서 제비뽑기에 당첨된 한 남자가 스토리를 선보이기 위해 무대로 나섰다. 당시 쇼의 주제는 '고백'이었다. 남자는 충동적으로 제비뽑기에 응모한 터라 뽑힐 거라고는 상상도 못했다고 했다. 하지만 그는 쇼에서 관객의 주목을 한 몸에 받았다. 남자의 스토리는 다음과 같았다.

"이 스토리는 평생 누구에게도 말한 적이 없습니다. 오늘 밤 이 자리에는 제 두 딸과 딸들의 남자 친구, 그리고 남자 친구의 어머니 한 분이 같이 오셨습니다."

기대감과 부담감이 동시에 치솟았다. 청중들은 무슨 이야기가 나올지 아무도 예상하지 못했다. 들떠 있는 가족들과 사백 여 명의 낯선 이들로 만석을 이룬 극장 무대에서 평생을 가슴 속에 묻어둔 일을 드디어 '고백'할 생각을 하자 남자는 두려움에 휩싸였다. 그가 무슨 스토리로 관객을 이끌어갈지 기대감에 건물이 통째로 '몸을 앞으로 기울이며' 기다리고 있었다. (이 스토리는 8장에서 자세히 다루도록 하겠다.)

실제 있었던 스토리를 다시 말할 때는 고된 일을 할 필요가 전혀 없다. 나 자신을 만들어 낸 경험들을 비춰보며 스토리가 끄집어낼 재미, 고통과 같은 특정한 감정을 활용하면 된다. 이러한 경험을 다시 말하며 의미를 부여하는 일은 친구건 낯선 이건 상관없이 나와 주변 사람들을 하나로 이어준다.

연습 그 말을 들으니 생각나는데

혼자서, 친구와 함께, 혹은 종이에 연습해 보자.

시작할 단어:

_____

_____

그 말을 들으니 생각나는데:

_____

_____

_____

_____

그 말을 들으니 생각나는데:

_____

_____

_____

_____

그 말을 들으니 생각나는데:

_____

_____

_____

_____

그 말을 들으니 생각나는데:

_____

_____

_____

_____

그 말을 들으니 생각나는데:

_____

_____

_____

_____

그 말을 들으니 생각나는데:

_____

_____

_____

_____

그 말을 들으니 생각나는데:

_____

_____

_____

_____

그 말을 들으니 생각나는데:

_____

_____

_____

_____

그 말을 들으니 생각나는데:

_____

_____

_____

_____

그 말을 들으니 생각나는데:

_____

_____

_____

_____

2장

스토리란 무엇인가?

스토리의 정의

스토리1 「명사」

「1」 어떤 사물이나 사실, 현상에 대하여 일정한 줄거리를 가지고 하는 말이나 글

「2」 자신이 경험한 지난 일이나 마음속에 있는 생각을 남에게 일러주는 말

스토리의 사전적 의미는 위와 같다. 하지만 스토리는 정말로 무엇일까? 여흥을 위해 과거에 있었던 일을 말하는 걸까? 물론 아니다. 삶에 변화를 준 '어떤 일'에 대한 말을 스토리라고 정의할 수도 있겠지만 그리 와닿지 않는다.

가족이나 친한 친구와 같은 사람들은 '기억'을 말해줘도 잘 들어준다. 같은 집단에 속해 있기 때문이다. 이들은 내가 하는 얘기를 믿어주고 언급하지 않은 부분도 알아서 메우며 들어준다. 내게 들은 얘기에도 자기만의 의미를 부여하고 공감해 준다. 그러나 듣는 이의 범위가 넓어지면 그렇지 않다.

스토리로 만들기 전까지는 스토리가 되지 않는다. 재밌는 친구는 '스탠드업 쇼를 해도 되겠다'라는 말을 많이 듣는다. 스토리텔링과 마찬가지로 스탠드업 쇼에도 기술이 필요하다.

스토리와 '일어난 일'은 아주 중요한 점에서 차이를 보인다. 스토리로 인해 무언가가, 누군가가 변화를 겪는다. 사건의 영향으로 변하게 된다. 극적이든 은근하든 스토리에서 나오는 '무언가 일어난' 후 세상이 바뀐다. 내적 변화가 될 수도 있다.(예시: 그 후 그녀의 시각이 달라졌다) 외적 변화일 수도 있다. (예시: 다니던 직장을 그만두고 직업도

바꾼 뒤 뒤도 돌아보지 않았다) 개인의 영역에 변화가 생길 수도 있고(예시: 딸아이가 커가는 사실을 실감했다) 아니면 세상이 변할 수도 있다. (예시: 이 발견으로 인해 6만 명의 사람들이 매일 깨끗한 물을 공급받고 있다)

'아이디어'에서 '스토리'가 되는 과정이 항상 명확하지는 않다. 사람들이 생각하는 '스토리'가 '자신이 경험한 지난 일을 남에게 일러주는 말'처럼 사전적 정의일 수도 있다.

다른 작가들이 정의하는 스토리는 이러하다.

"스토리는 사건의 연속이다. 한 곳에서 시작해 전혀 다른 곳에서 끝나며 그 과정이 끊이지 않고 이어진다."

－랜달 자렐, 《랜달 자렐의 스토리의 책: 작품집》 중에서

"스토리는 무언가를 성취해야 하고 어딘가에 도착해야 한다."
－마크 트웨인, 《마크 트웨인 전집: 소설, 단편 소설, 연설, 편지》 중에서

'서술'은 일어난 일을 표현한다. '스토리'는 이유가 있어서 말하고, 서술에서 나오는 사건의 전개를 좀 더 높은 수준으로 이끌어 사건 전개의 중요성을 밝히거나 비춰본다.

스토리의 공통점은 무엇인가?
―――― 앞에서 본 스토리 예시에 어떤 공통점이 있는지 보자.

주제

- 머리 없는 피규어 스토리

- 학생회 선거 스토리

캐릭터

- 위 스토리 모두 특징 있는 캐릭터들이 나온다.

  – 스타워즈를 사랑하는 아이

  – 겁에 질린 1학년 초등학생

- 조연 캐릭터도 있다.

  – 이베이 판매자

  – 유치원 교사 크루즈 선생님

갈등

- 내적 갈등 요소:

  – 내 자식한테 거짓말을 해야 하나?

  – 내가 길을 잃었나?

- 외적 갈등 요소:

  – '소비자 주의' 중고/파손된 제품을 살 때의 위험성

  – 학교의 모든 교실이 똑같이 생김

변화

- 내적 변화:

  – 물건의 가치는 절대적으로 주관적이다.

  – 내가 속한 공동체에 보호받는다는 느낌을 받음

- 외적 변화:

– 아이는 상상력만으로도 즐거움을 느낄 수 있다.

– 내가 속한 공동체에 받은 은혜를 갚고 싶다.

그럼 '좋은 스토리'는 무엇인가?

캐릭터, 갈등, 변화가 있다고 꼭 '좋은' 스토리가 되진 않는다.

앞의 예시로 들은 스토리 전부 캐릭터, 갈등, 변화가 있어도 '좋은' 스토리가 되지 않을 수도 있다. '좋은' 스토리텔링이 무엇인지 딱 잘라 말하기 어려워 보이지만 '들으면 안다.'와 같은 간단한 문제도 아니다.

로버트 맥키(Robert McKee)의 걸작 《스토리》를 인용하자면 '좋은 스토리'는 '잘 말하지' 않는 이상 소용이 없다.

캐릭터

- 아이에게 새로운 이야기를 만들어주어 자기 잘못을 감추는 아버지
- 낯선 학교 복도를 헤매고 다니는 아이

갈등

- 크리스마스 아침 아이들의 기대에 부합하기 위해 거짓말을 할 필요성을 느꼈다.
- 길을 잃어 무서웠다.

변화

- 창의력이 돈보다 가치 있을 때도 있다.
- 학교는 나를 돌봐주었다. 이제 나도 학교를 돌보고 싶다.

'서술'에서 스토리로 발전시키면서 스토리의 흐름에 맞도록 이러한 요소들을 꾸며주고 수정할 수 있다. 또한 이러한 요소들을 양념처럼 쓰면 경험에 대한 서술을 구체화하여 남들에게 들려줄 만한 풍부한 경험으로 탈바꿈할 수 있다.

'좋은 스토리'가 만들어졌는지는 어떻게 알 수 있을까?

좋은 스토리를 구분하는 현실적인 방법이 있다. 바로 다른 사람한테 말하면 된다. 듣는 사람이 스토리를 좋아했는가? 그렇다면 어떤 점을 좋아했는가?

스토리에서 두드러지는 부분은 듣는 이들을 집중하게 하고 웃고, 고개를 끄덕이고, 울게도 한다. 공감이 가지 않는 부분에서는 정반대다. 고개를 돌려 다른 데를 보거나, 다른 생각을 하거나, 눈만 깜빡이거나, 무슨 얘긴지 헷갈려서 고개를 갸웃하거나, 웃어야 할 부분에서 웃지 않는다.

스토리텔링을 연습하는 가장 좋은 방법은 스토리를 말하는 것이다. 전화로도 괜찮고 직접 만나서 해도 좋다. 한 명이든 수천 명이든 듣는 이의 반응은 스토리의 어느 부분이 좋고 나쁜지를 알려주는 가장 좋은 지표가 된다.

다음 장에서 알아볼 내용이지만, 날것인 상태나 다듬는 중인 상태를 포함해 모든 단계에서 스토리를 말해보는 게 중요하다. 듣는 이의 반응은 가장 진정성 있고 정확한 피드백이 된다. 이러한 시도를 통해 진정한 재미와 발전이 시작된다.

다음의 스토리는 이 책에서 몇 번씩 예시로 들 스토리다. 내가 〈더 모스)에서 공연했을 당시 그대로 옮겨 적은 스토리이다. 무대에서 말할 때 어떤 느낌인지 보여주기 위해 '어, 막, 있잖아요' 같은 불필요한 말들도 전부 옮겨 적었다. 스토리를 글로 옮기면서 문학적 기술을 더하고 싶었지만 이 스토리를 귀로 들으면 어떤지 최대한 실제처럼 보여주기 위해 문법 교정을 보지 않았다.

유념할 점을 다 말했으니 스토리로 들어가 보자. 나의 사촌 노먼에 대한 스토리로 제목은 〈비밀〉이다.

오늘 밤 들려드릴 스토리는 제 사촌 노먼에 대한 얘기예요. 노먼 와이너(Norman Weiner).(성이 떼쟁이라는 단어와 발음이 같다 – 옮긴이주) 진짜 이름이 그래요.

노먼은 돌아가셨어요. 8월, 그러니까 8월 1일에 돌아가셨어요. 돌아가셨을 때 나이가 82세셨죠. 갑작스러운 일이었어요. 82세신데도 갑작스러웠죠. 아프지도 않았고 오늘내일하지도 않으셨거든요. 노먼 본인도 죽으리란 예상도 못 하고 있었죠. '오랫동안 병마와 싸웠던' 그런 경우가 아니었어요. 그냥 노먼은 막, 작은 혹이 있어서 검사를 받으러 갔어요. 항상 있는 일이었죠. 의사들은 혹을 제거하기로 했고요. 그리고 혹을 제거하긴 했어요! 혹을 떼는 것까진 괜찮았는데 혹을 떼고 난 구멍이 감염되고, 감염은 폐렴으로 도지고, 폐렴으로 결국 돌아가셨어요.

정말 슬픈 일이었죠. 노먼하고 정말 가깝게 지낸 데다 우리 가족 중 서부 해안 쪽에 사는 식구들을 대표하는 사람이 저였거든요. 가족 대부분은 동부에서 살아요. 가족들은 저보고 노먼 뒷정리를 하라는 눈치였죠. 노먼의 아파트에 가서 유품들을 좀 보라고 말이에요. 어떤 걸 남길지, 어떤 걸 버릴지 그런 일이었죠….

그리고 그때 노먼이 감춰왔던 비밀을 발견했어요.

그전에 먼저 노먼에 대해 좀 말씀드릴게요. 노먼은 정말 특이한 사람이었어요. 노먼은 키가 정말 컸는데 우리 가족 중에서는 이상할 정도로 컸죠. 다른 가족들은 평범한 유대인 키니까 한 170대 중반 정도였어요. 노먼은 195 정도 됐어요. 안경도 크고, 귀도 크고, 코도 컸어요.

노먼은 이런 얘기를 많이 했어요.

"아, 코리, 전에 멋진 영화 한 편을 봤어. 〈세븐〉이라는 영화인데 너무 어두웠어. 진짜 어두운 영화였단다! 영화가 끝나고 나서 선글라스가 어디 있나 찾았는데 알고 보니 내가 계속 쓰고 있었지 뭐냐!"

노먼은 평생 고등학교에서 영어 교사로 일했어요. 결혼도 하지 않았죠. 살면서 누군가와 사귀지도 않았어요. 그래서 항상 혼자서 여행을 다녔죠. 방학 시간을 활용해 여름 동안 긴 여행을 떠나곤 했어요.

노먼은 구두쇠였어요. 그 있잖아요, 돈 한 푼까지 아끼는 그런 사람이요. 막, 제일 싼 대서양 횡단 크루즈를 타곤 했어요. 무슨 말인지 아시죠? 엄청 저렴하게 가는 곳이요. 숙소도 배낭여행객들이 묵는 호스텔에 묵었고요. 노먼은 나이도 많은데 신경 쓰지 않았어요. 호스텔도 마다하지 않았죠.

노먼은 극장을 좋아했어요. 오페라도 좋아했죠. 예술을 사랑해서 보는 족족 전부 받아들였어요. 대신 여행이 불편하든 말든 신경도 쓰지 않았어요. 그 있잖아요. 메리어트 호텔 같은 고급 호텔이요. 그런 건 신경 쓰지도 않았어요. 새로운 세상을 보는 일, 그 순간, 그 왜 경험하는 일에만 관심이 있었죠.

하지만 다른 가족들은, 가족들 대부분은 노먼을…. 노먼에 대해 뒷담화를 하곤 했어요. 구두쇠라고 하고, 노랑이라고 하고 그랬어요. 노먼이 살면서 내린 결정들을 깎아내리고 그랬는데 전 그런 게 싫었어요. 전 사촌인 노먼을 사랑했으니까요.

노먼은 여러 스토리로 우리를 즐겁게 해줬어요. 정말로 극장을 사랑했거든요. 노먼은 또 이런 말을 하곤 했어요.

"로런스 올리버를 봤어, 코리! 런던에 있는 올드 빅 극장에 갔었는데 로런스 올리버가 햄릿 역을 맡았지 뭐야. 아, 정말 근사했어!"

그리고 자기가 봤던 공연 얘기를 하는데 노먼은 정말 모든 걸 다 기억하고 있었어요!

그래서 한 10년 전에 〈항문적 독백(The A**hole Monologues)〉이라는 스탠딩 쇼를 했었어요. 항문에 걸리는 난치성 질환인 크론병 기부 콘서트였는데 노먼이 와서는 이렇게 말했어요.

"나도 항문적 독백에서 공연하고 싶어, 코리. 셰익스피어의 똥 같은 놈들에 대해서 말이야! 정말 많잖아! 리처드 3세를 봐봐. 얼마나 똥 같은 놈이야?"

노먼은 진짜로 스탠딩 쇼 대본을 써와서 공연까지 했어요. 그 모습은 정말 멋졌고 제 마음에 쏙 들었죠.

그리고 제 아들 생일은 항상 노먼과 함께 보냈어요. 두 사람 생일이 하루 차이였거든요. 그래서 헨리가 돌이 됐을 때 노먼의 팔순 잔치를 같이 열었어요. 정말 끝내줬죠. 그때도 노먼은 기차를 타고 왔는데, 롱 비치에서 우리 집까지 오는 가장 저렴한 방법이었어요. 노먼이 손님방에서 자고 그랬는데 정말 좋았어요. 그때가 제가 마지막으로 노먼을 봤던 때 중 하나기도 했어요.

어쨌든 노먼의 아파트에 저 혼자 들어와 있는데, 그러니까 막, 문 열고 들어가서 아파트를 정리하고 있었는데 기분이 참 이상하더라고요. 그 왜 있잖아요, 제가…. 지금 앉아 있는 분 중 이런 경험을 해본 분이 있나 모르겠네요. 전 처음이었거든요. 가서 물건을 정리하면서 뭘 버리고 뭘 간직할지 생각하고 있는데 막 '숨겨둔 게 있나?' 이런 생각이 들잖아요.

물론 슬픈 상황이었지만 동시에 막, 혼자서 다른 사람의 물건을 정리하면서 '만약 이 집이 내 집이라면 어땠을까'하는 생각이 드는 거예요. 막, 내가 세상을 떠나고 나면 사람들이 내 물건들과 스노우 글로브 400개, 상자 가득 들어 있는 사진들, 냉동실에 있는 작은 해시 브라운 봉투를 보고 무슨 이상한 말들을 지어낼까 싶었던 거죠.

내가 갖고 있던 물건들을 어느 정도 아끼고 있는지도 평가하겠죠. '저건 별로 안 중요해 보이네.'

그런 경험을 하니 막 압도되는 기분이었어요.

그래서 차에 노먼의 물건을 한가득 싣고, 진짜로요, 집으로 돌아갈 비행기 편도 취소하고 렌터카를 하나 빌려서 노먼의 물건을 가득 채워 넣었어요. 그리고 집까지 차로 갔죠. 스무 시간 동안 노먼의 아파트에 머물면서 물건들을 정리하고 집에 돌아온 뒤 노먼이 찍었던 사진들을 하나하나 찾아보기 시작했어요.

노먼은 수십 개의 나라를 다녀봤어요. 여권도 열 개나 됐죠. 비자에, 입출국 도장에, 온갖 게 잔뜩 있었어요. 그리고 노먼의 삶을 사진을 통해, 노먼의 눈을 통해, 노먼이 다녔던 여행을 통해 볼 수 있었어요. 보는 내내 사람이 압도되더라고요. 사진들은 막, 노먼이 어떤 물건이나 배경 앞에서 자기 사진을 찍은 게 아니었어요. 막, 그냥 노먼이 보는 광경들을 찍었어요. 진짜 못 찍은 사진들이었죠. 그게 막, 관광버스에서 내리면 찍는 그런 사진들이었어요. 그래도 보고 있으니 울컥하게 되더라고요.

그러고 나서 유서를 보게 됐어요. 비밀은 바로 거기 있었죠. 알고 보니 노먼은 부자였어요. 유산 상속 목록에는 저도 있었어요. 그리고 빌어먹을 가족들도 전부 있었어요. 노먼 사촌을 노랑이라고, 구두쇠, 좀생이라고 욕하면서 한번도 잘 대해준 적 없는 사람들 모두가요. 전 노먼한테 아무것도 바라지 않았는데 말이에요.

전 가족으로서 노먼을 사랑했어요. 노먼의 모습 그대로 사랑했어요. 노먼은 죽고 싶어 하지 않았어요. 죽을 계획도 없었죠. 20년 넘게 호화 여행을 다닐 만한 돈을 갖고 있었는데도 여전히 돈을 아끼고 있었어요. 그리고 그 돈을, 그 돈을 전부 가족한테 줬어요. 전 그 돈 덕에 제 아이들 대학 등록금을 낼 수 있게 됐지만 그래도 노먼이 그리워요.

스토리의 구조

———— '스토리의 구조'를 논하기 전에 이 주제에 대한 나의 철학과 접근법을 확실히 하고자 한다. 모든 스토리에 적용할 수 있는 단 하나의 구조는 없다. 모든 스토리는 각자 맞는 최상의 접근법과 방식이 있고 좋은 스토리가 되려면 각자의 스토리에 어울리는 접근법을 적용해야 한다.

좋아하는 책, 연극, 영화를 떠올려보자. 그저 떠올리는 게 아니라 내부 구조와 메커니즘을 뜯어보자. 내용과 구조를 분해해서 작가가,

창작자가, 스토리텔러가 효과적인 스토리를 만들기 위해 어떻게 했는지 보자.

내 친구이자 직장 동료인 세스 월리(Seth Worley)가 여기에 딱 맞는 멋진 진단 도구를 개발했는데 이름은 '스토리 노트북'이다. 간편한 참고용 도구로, 스토리가 진행되면서 나오는 중요한 순간을 적으면 나중에 패턴을 분석하기 좋다. 복선(떡밥 투척)과 회수(하기)는 어떻게 해야 하는가? 여러 스토리라인이 어떻게 도입되고 발전하고 서로 엮여 최종적으로 어떻게 해결이 되는가?

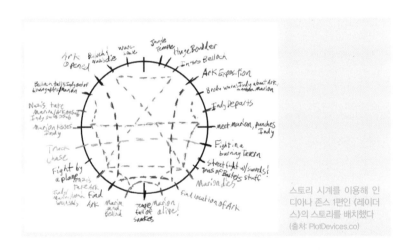

스토리 시계를 이용해 인디아나 존스 1편인 《레이더스》의 스토리를 배치했다 (출처: PlotDevices.co)

이제부터 몇 가지 스토리 구조를 소개할 것이다. 동시에 스토리 구조를 스토리 창작의 도구이자 스토리를 고치고 강화할 수 있는 진단 도구로 활용하는 방법을 보여주고자 한다.

선형적 스토리

———— 스토리텔링의 근본적인 구성 요소는 '선형 구조'이다. 말 그대로 시간의 순서에 따라 스토리가 일직선으로 진행된다. 한 사건이 일어나고 그 다음에 다른 사건이 일어난다. 그리고 또 다른 사건이 일어난다.

선생님이자 스토리텔러이며 애드리브 공연자인 켄 애덤스(Kenn Adams)가 개발한 도구가 있는데 전 세계에서 널리 사용되고 있다. 기본적인 선형적 스토리 구조를 간결하게 집어낸 이 도구는 바로 켄 애덤스의 스토리 골조이다.

켄 애덤스의 스토리 골조에서는 8~9가지 간단한 '시작' 문구를 써서 스토리가 진행되며 나올 서술에서 육하원칙의 핵심을 파악한다. 시작 문구는 다음과 같다.

옛날 옛적에…

그리고 매일…

그러던 어느 날…

그로 인해…

그로 인해…

그로 인해…

그러다 마침내…

그날 이후…

(선택 사항) 이 스토리의 교훈은…

스토리 골조에서 무슨 일이 일어나는지, 이를 어떻게 쓰는지 좀 더 자세히 들여다보자.

옛날 옛적에

모든 스토리에는 '옛날 옛적에'라는 말이 핵심적으로 들어 있다. 이 말의 뜻은 주로 이렇다.

- 누구에 대한 스토리인가?
  - 옛날 옛적에 농촌에 한 소녀가 살았다.
- 스토리가 일어나는 장소는 어디인가?
  - 옛날 옛적에 캔자스 농촌에 한 소녀가 살았다.
- 스토리의 전체적 배경
  - 옛날 옛적에 호주 해안가 산호초에 한 물고기가 살았다.
- 스토리의 시간대
  - 옛날 옛적에 타투인이라 부르는 사막 행성의 농촌에 한 소년이 살았다.

'옛날 옛적에'는 스토리에서 아주 중요한 요소이다. 듣는 이가 스토리의 '배경'을 모른다면 혼란스럽기 마련이다. 그게 꼭 나쁜 일만은 아니다. 잘 사용하면 서스펜스를 조성하고, 스토리텔러가 어떤 정보를 일부러 감추고 있을지 궁금증을 자아낸다. 하지만 그 정보가 나중에도 밝혀지지 않으면 (의도치 않게) 듣는 이는 아무것도 모르게 되고 결국 흥미를 잃게 된다.

중학교 1학년 여자 화장실이든, 1990년대 교회 지하실이든, 백만 장자의 집 사다리 꼭대기이든 스토리의 '옛날 옛적에'를 이해해야 듣는 이가 상황, 장소, 스토리의 배경에 대해 이해할 수 있다.

다음은 내가 공연한 스토리의 도입부이다.

"저는 버튼 두 개를 쥐고 있었습니다. 오른손에는 TV 리모컨을, 왼손에는 진통제 주입 버튼을 쥐고 있었죠. 당시 저는 스무 살이었고 교통사고를 당해 죽다 살아나서 로체스터 종합 병원에 누워 있었습니다."

'옛날 옛적에'라는 말을 쓰지 않았고 배경부터 시작하지도 않았지만, 곧바로 스토리는 듣는 이의 관심을 끌고 궁금증을 자아냈다. (버튼 두 개라고? 왜? 버튼을 누르면 어떻게 되는데?) 그리고 배경, 시간, 장소에 대한 궁금증을 해결해 주었다. (병원, 내가 젊었을 때) 아직 밝혀지지 않은 것도 많지만, 이후 스토리에서 쓰일 주요 요소들도 배치했다. (특히 진통제) 하지만 몇 줄의 도입부에서 '옛날 옛적에'는 스토리가 시작하는 상황을 잡아준다.

듣는 이의 머릿속을 새하얀 도화지에 자주 비유한다. 스토리텔러가 스토리를 말하는 일을 듣는 이의 새하얀 도화지를 채워나가는 일이라고 상상해 보자. 듣는 이는 스토리텔러가 도화지에 그리지 않은 건 보지도, 상상하지도 못한다. 스토리텔러가 선택하는 물감과 붓으로만 도화지에 디테일, 서술, 묘사를 채워나가고 마침내 스토리텔러의 경험을 완전히 그려낼 수 있다.

듣는 이를 위해 '옛날 옛적에'를 설정함으로써 말하고자 하는 스토리의 배경 그 이상을 설정할 수 있다. 바로 듣는 이의 예상 범위를 설정할 수 있는 것이다. 키스 존스톤(Keith Johnstone)의 말을 빌자면 '가능성의 범위'를 만들어 주어진 환경에서 어떤 행동을 해도 되는지, 어떤 행동을 하길 바라는지, 어떤 행동을 장려하면 되는지 설정하게 된다.

물론 이러한 도구로 스토리에서 나오는 경험에 대해 듣는 이가 예상하는 바를 뒤엎거나 예상하는 대로 스토리를 진행할 수도 있다.

대체로 모든 스토리는 매우 큰 가능성의 범주 안에서 시작되고 새로운 정보를 공유할수록 범주는 점점 작아진다. 병원에서는 보통 어떻게 하는지, 주기적으로 병실에 누가 어떻게 왔다 갔다 하는지, 무엇을 입고 무엇을 입으면 안 되는지, 그 '규칙'을 다들 알고 있다. 이 스토리에서는 갑자기 우주선이 내려오거나 곰이 말을 하는 일은 상상하지 못한다. 그런 식으로 설정했기 때문이다.

그와 반대로 〈니모를 찾아서〉에서는 물고기가 말을 하고, 감정을 표현하고, 인간 공동체처럼 행동하도록 설정해 시청자가 이해하고 예상하는 범위를 설정했다. 동시에 물고기들은 물 밖에선 숨을 쉴 수 없고, 사람과는 대화하지 못하며, 두 발로 걷지 못하는 등 물고기처럼 행동한다. 애니메이션이라는 특별한 마법을 통해 관객들이 물고기의 말을 '들을 수' 있다고 해도 말이다.

실제 겪은 스토리에서는 가능성의 범위가 줄지 않고 오히려 늘어날 수 있다. 어떠한 종류건 일상이나 반복은 그 자체가 가능성의 범위가 될 수 있다. 그리고 가령 아침에 일어나보니 평소에 자던 침대가 아니었다든가, 우리 집이 아니었다든가 등 일상이나 반복이 무너지거나 방해를 받으면 가능성의 범위가 늘어난다. 듣는 이는 이런 상황에 다시 예상 범위를 조정하게 되고, 다음 사건들이 가능성의 범위를 줄이며 그 경계를 명확하게 해준다. 이로써 듣는 이는 범위 안에서 논리적인 사건과 행동이 일어나리라 예상하게 된다.

그리고 매일

켄 애덤스의 스토리 골조에 나오는 두 번째 문구인 '그리고 매일…'에는 또 다른 역할이 있다. 바로 스토리에서 무엇이 '정상'인지를 알려주는 역할이다.

평범하든 특이하든 우리는 모두 자신의 삶을 살아간다. 부모가 모르핀 중독으로 고생하는 집 아이한테 '평범'한 일상은 근교 부촌에 사는 아이의 '매일'과 전혀 다를 수 있다. 또 정반대도 있다. 〈스타워즈〉의 루크 스카이워커는 사막 행성인 타투인에서 수분 농사나 짓는 지루한 일상을 벗어나고 싶어 했고, 《오즈의 마법사》에 나오는 도로시 게일은 캔자스 농장의 지루한 일상을 벗어나 '무지개 너머'로 가고 싶어 했다. 루크가 '매일' 바라던 꿈은 도로시가 '매일' 바라던 꿈과 꽤 비슷하다.

듣는 이를 스토리로 끌어들이는 결정적인 요인은 공감과 이해, 그리고 '일상'이다. 스토리텔러는 캐릭터는 물론, (서술과 연관되는) 캐릭터가 처한 상황, 캐릭터가 사는 세계의 '일상'을 알려줘야 한다.

'그리고 매일'이란 말을 (문자 그대로 사용하지 않는데도) 사용할 때 '일상'이 곧 안정적이란 뜻은 아니다. 많은 이들의 생활에서는 불안하거나 아픈 것이 '정상'일 수도 있다.

- 그리고 매일 나를 입양 보내버린 어머니를 찾고 싶었다.
- 그리고 매일 시카고 아파트로 이어진 똑같은 길로 다녔다.
- 그리고 매일 지구 반대편에서 올 소식을 기다리며 우체통 옆에 서 있었다.

내 병원 스토리에서 나오는 '매일'은 이랬다.

- 그리고 매일 저는 병상에 누운 채 신체적, 정신적 스트레스로부터 회복하고 있었습니다. 며칠 전 캘리포니아 고속도로가에 있던 나무와 부딪히는 끔찍한 사고에서 살아남았던 거죠.

또한 '그리고 매일'은 스토리 골조에서 중요한 서술적 목적이 있다. 바로 패턴을 만드는 것이다. 듣는 이들은 스토리텔러도 아니고 스토리텔러의 삶을 살지도 않았지만, '그리고 매일'을 통해 그 사람이 살아가는 일상과 패턴을 이해하게 된다. 듣는 이를 위해 패턴을 만들면 듣는 이는 스토리텔러의 '정상'적인 세계를 이해하게 된다. 이러면 듣는 이가 스토리 구조의 다음 단계로 나아갈 준비를 착실하게 끝낸 것이다. 다음 단계는 바로 일상의 파괴다.

그러던 어느 날

'그러던 어느 날'은 이제 막 구축한 일상을 파괴한다.

- 옛날 옛적에 호주 해안가 산호초에 한 물고기가 살았다.
  - 그리고 매일 아빠 물고기는 너른 바다의 위험으로부터 아들 물고기를 지켜주고 있었다.
  - 그러던 어느 날 아들은 아빠의 경고를 무시했다.
- 옛날 옛적에 캔자스 농장에 한 소녀가 살았다.
  - 그리고 매일 소녀는 어디로든 도망칠 꿈을 꾸었다. 무지개를 넘어서라도 말이다.
  - 그러던 어느 날 소녀와 강아지는 회오리바람에 휩쓸려 무지개 너머 저 멀리 날아가게 되었다.

'그러던 어느 날'은 '매일'을 거스르며, 이 이야기가 어째서 일화, 혹은 무작위/우연히 일어난 일이 아닌 스토리가 되는지 명확하게 나타낸다.

패턴을 만들고 '그러던 어느 날'로 패턴을 파괴함으로써 무언가 다른 일이, 어쩌면 재밌을지도 모르는 일이 생길지 모른다는 기대를 듣는 이에게 심어주게 된다.

스토리텔러가 흔히 겪는 문제점은 두 가지다. 어디서부터 스토리를 시작해야 할지 모른다는 점과 '스토리처럼' 느껴지게 만드는 법을 모른다는 점이다. '그러던 어느 날'이야말로 스토리를 시작하기 좋은 지점이다. 무언가를 바꾼 순간이나 결정 등 눈에 띄는 지점을 찾아보자. 그리고 스스로에게 물어보자. '이 순간/결정으로 어떤 패턴이 변했을까?' 모든 사람이 매일 겪는 일상이나 습관을 쉽게 자각할 수 있지는 않다. 하지만 '그러던 어느 날'이란 시각으로 관찰하다 보면 우연히 일어난 일이 저만의 색깔을 나타낼지도 모른다.

이런 방법으로 똑같은 스토리 아이디어를 서로 다른 부분에서 시작해 보는 연습을 해보자.

아래는 나의 스토리로 여러 가지 시작점을 만든 것이다.

- 옛날 옛적에 동남아시아로 5주간 배낭여행을 갔다.
  - ─(그리고 매일) 나는 옷을 벗고 자지 않는 편이다.
  - ─(그러던 어느 날) 한 달간 빨래할 기회가 적은 관계로 옷을 벗고 자기로 했다.
- 옛날 옛적에 결혼식 행사가 있어서 하와이에 갔다.
  - ─(그리고 매일) 나는 (혼자 있더라도) 잠옷을 입고 자는 편을 선호한다.
  - ─(그러던 어느 날) 눈을 떠보니 옷을 홀딱 벗은 채 와이키키 '홀리데이 인' 호텔 복도에 누워 있었다.
- 옛날 옛적에 5주간 휴가를 떠났다.
  - ─(그리고 매일) '보람찬' 휴가를 보낼 방법을 찾으며 모험을 떠났다.
  - ─(그러던 어느 날) 와이키키 '홀리데이 인' 호텔 안내 데스크 앞에서 옷을 홀딱 벗고 있었다.

위의 예시들은 모두 같은 스토리, 같은 기억을 서로 전혀 다른 방식으로 변형한 것이다. 예시마다 똑같은 사건의 전개를 다른 방식으로 접근했으나, 버전에 따라 정보를 일찍 던져주거나 서술을 좀 더 발전시킨 후 나중에 정보를 주기도 했다.

이 중에 틀린 방법은 없다. 각자 적절한 때에 쓰면 장점이 있고 같은 줄거리로도 좋은 스토리텔링이 나올 수도 있다. 위의 도입부는 하나의 예시에 불과하다. 다양한 방법으로 스토리 골조의 도입부를 만들 수 있다. 이외에 아이디어를 짤 때나 스토리의 리듬과 흐름을 발전시킬 때도 스토리 골조를 활용할 수 있다.

그로 인해

스토리 골조 중 이 시점에서 '제2막'에 접어들게 된다. 이제 '매일'의 패턴이 파괴되고 '어느 날' 원인과 결과를 만들어내는 결정, 사건, 혹은 두 가지 모두가 캐릭터에게 연속적으로 벌어지기 시작한다.

스토리 골조에서 다른 부분과 마찬가지로 스토리텔링을 할 때 '그러던 어느 날'을 문자 그대로 쓰지 않아도 된다. 다만 스토리텔러가 '그러던 어느 날'의 개념을 활용해 캐릭터의 결정과 사건이 그다음 내용과 선형 구조로 잘 이어지는지 확인할 수도 있다.

- 그러던 어느 날 아들 물고기가 스쿠버 다이빙을 하던 인간에게 납치되었다.
  - 그로 인해 아빠 물고기는 배를 뒤쫓아 한번도 가본 적 없는 미지의 바다를 향해 여정을 떠난다.
  - 그로 인해 아들 물고기를 찾는 아빠 물고기를 도와주겠다는 다른 물고

기들을 만나게 된다.

-그로 인해 도와주겠다는 물고기는 아들 물고기를 찾기 위해 아빠 물고
기를 더 넓은 대양으로 인도한다.

-그로 인해 굶주린 상어 떼에게 쫓기게 되는데….

스토리 골조에는 약 세 개 정도의 '그로 인해'를 사용하지만, 연습
인 만큼 스토리텔러는 스토리에 어떤 사건이 생기고, 무엇을 발견하
는지, 필요한 만큼 '그로 인해'를 더 추가하면 된다.

'그로 인해'는 꼭 물리적 사건이 아니어도 된다. 사건이나 결정이
있고 '그로 인해' 결과가 생긴다. '그로 인해 사장실로 불려갔다.'

'그로 인해'는 삶의 외적인 면과 내적인 면에서도 다를 수 있다.

· 그로 인해 창피했다.
· 그로 인해 (창피해서) 몸을 가릴 무언가를 찾다 보니 여관에 배달된 아침
  신문으로 몸을 가릴 수 있었다.
· 그 (신문지)로 인해 덜 창피해져서 엘리베이터로 향할 수 있었다.

중요한 개념은 바로 인과성이다. 각 단계와 결정이 다음 단계와
자연스럽고 일관되게 이어져야 듣는 이를 끌어당길 수 있다. 듣는
이는 스토리의 캐릭터가 하는 행동과 결정을 계속 따라간다. 듣는
이가 전에 같은 경험과 결정을 했든 안 했든 말이다. 또한 다른 사람
이 어렵거나 모호한 결정들을 어떻게 헤쳐 나가는지 보고 싶어 한

다. 이러한 스토리는 '만약 저 상황이었다면 나는 어떻게 했을까?' 하고 듣는 이가 스스로 되묻게 한다.

'가능성의 범위' 또한 염두에 두어야 한다. 이 스토리에서 '옛날 옛적에'의 도입부로 가능성의 범위를 정해 두면 듣는 이는 몇 가지 추측을 한다. 예를 들어 '하와이에 와 있다'라고 말하면 주변에 있을 관광객, 호텔, 따뜻한 날씨, 느긋한 태도 등을 생각한다. 만약 이 시점에서 콜롬비아 마약 카르텔이 갑자기 나타난다면(내 이야기에선 안 나온다) 몇 명한테는 예상하지 못한 전개일 테지만 다른 이들에게는 여전히 가능성 있는 전개이다. 카르텔이 등장함으로써 '가능성의 범위'는 넓어지고 마약, 마약상, 범죄, 경찰 등 다른 요소들을 포함하게 된다. 카르텔을 언급하지 않았다면 듣는 이의 머릿속에도 이런 가능성은 존재하지 않았을 것이다.

또한 이쯤에서 우연의 개념을 소개하기도 좋다. 경험에서 우연은 꽤 자주 생기고 또 그렇게 보이기도 한다. 하와이 스토리를 예로 들어보자. 이 시점에서 우연히 어머니가 호텔 복도로 나올 수도 있다. (물론 그러지 않았으니 안심하자) 몇몇 사람의 입장에서는 어머니의 등장이 가능성의 범위를 넓히는 것처럼 보일 수도 있다.

나중에 우연한 사건을 넣고 싶다면 가능성의 범위 안에 우연한 일이 들어갈 수 있도록 미리 '씨앗'을 심어 놓는 것도 좋은 전략이다. 그럼 캐릭터나 우연한 일이 생겨도 이미 복선이 있었던 듯한 느낌이 된다. 이 이야기는 나중에 더 하도록 하겠다.

스토리의 몸통은 주로 '그로 인해'를 통해 일어난다. 여기서 캐릭터가 시험에 들고 내적 결정을 내리고 누구와, 어째서, 어떻게, 상황을 해결하는지 밝혀진다.

사건은 이러한 구절을 통해 점점 고조되며 더 이상 고조되지 않는 시점에서 다음 단계에 도착하게 된다.

그리고 마침내

'그리고 마침내'는 예상대로 스토리의 클라이맥스다. 사건이 더 이상 고조되지 않고 이 시점에서 캐릭터는 자신이 두려워하던 일과 마주해야 한다. '문이 쾅 닫히더니 열리지 않는다, 위에서 돌이 떨어진다, 비행기를 놓치게 된다.' 등 되돌아갈 수 없는 시점에 당도한다.

실제 경험을 토대로 스토리를 작업하거나 아이디어를 짤 때는 스토리의 소재를 정하면서 '그리고 마침내'를 가장 먼저 생각해 낼 수도 있다. 내가 하와이에서 몽유병을 겪은 스토리의 클라이맥스는 내가 신문지로 몸을 가린 채 방 열쇠를 달라고 하자 호텔 직원이 '신분증'을 제시하라고 하는 부분이다.

이 부분 이후로는 더 이상 스토리를 진행할 필요가 없으며 갈등의 해결이나 숙고, 혹은 스토리에 대한 관점을 넣으면 된다.

'그리고 마침내'는 갑자기 나오면 안 된다. 지금까지 형성해 둔 가능성의 범위에서만 도출해 내야 한다. 스토리의 세계관에서 모든 것을 해결하고 바로잡아줄 새로운 캐릭터가 갑자기 나오지 못하고, 나와서도 안 된다. 하와이 스토리에서 호텔 직원은 실제 있는 인물이고 이전 장면에서 나오지는 않았지만 배경이 호텔인 만큼 직원이 있으리라고 예상할 수 있어서 몰입을 해치지 않을 것이다.

하와이 스토리에서 갑자기 〈세서미 스트리트(Sesame Street)〉의 빅버드(Big Bird)라는 캐릭터가 튀어나와 갈등을 해결해 준다면 전혀 다른 문제가 될 것이다.

그날 이후

스토리에서 '그날 이후'는 무엇인가?

갈등의 해소? 아니다. 갈등은 클라이맥스에서 해소된다. (그리고 마침내…)

에필로그? 그럴 수도 있다. 스토리가 끝난 후 첨부하는 추가적인 생각처럼 보일 수도 있다. 나는 '그날 이후'가 스토리 골조의 도입부인 '그리고 매일'과 균형을 이룬다고 본다. '매일'에서 캐릭터가 집을 나오고 싶다고 생각한다면, '그날 이후'에서 캐릭터는 우리 집만한 곳이 없다는 사실을 깨닫게 된다.

'매일'에서 캐릭터가 (우주선 조종사) 사관학교에 들어가고 싶어 한다면, '그날 이후'에서 캐릭터는 전 우주에서 영웅으로서 가장 존경받는 조종사가 된다.

스토리를 구성할 때 스토리 흐름의 시작과 끝을 찾기 적절한 시점이 바로 '그날 이후'이다. 클라이맥스의 사건 이후 무엇이 변했는가? 그로부터 '매일'까지 거꾸로 되짚어가면서 균형을 맞출 수 있는가?

'그날 이후'는 해당 사건 이후 삶이 어떻게 바뀌었는지를 보여줄 수도 있다. 세상을 바라보는 시각이나 태도의 변화, 전에는 눈치채지 못한 일에 대한 깨달음 등이 될 수도 있다.

'사촌 노먼' 스토리에서는 깨달음을 얻게 되는 사건은 노먼의 갑작스러운 죽음이다. 내가 살아가는 상황과는 별 상관이 없다. 노먼의 삶은 내게 중요하긴 하지만, 서로를 아끼고 사랑한다는 것 외에는 나나 우리 가족들의 삶과는 인과 관계가 없다.

하지만 노먼의 죽음으로 유산을 받으면서 직접적인 관계가 생겼다. 사랑과 감사가 예상치 못한 금전적 보상으로 돌아왔다. 금전적 보상은 '그날 이후' 사건으로 예상치 못하게 나타났으나 동시에 스토리텔링에서 이를 뒷받침하는 정보와 근거가 나온다. 노먼 스토리의 경우 '그날 이후'는 '매일'과 균형이 맞지 않는다. 이 스토리의 '매일'은 이렇다. '매일 나는 내 모계 쪽 사촌인 노먼의 특이한 버릇을 이해하고 받아들였다.' 갈등의 해소는 다음과 같다. '그날 이후 노먼이 얼마나 나와 내 형제들, 그리고 우리의 아이들을 사랑했는지 깨달았다. 우리가 노먼을 얼마나 사랑했는지도 알게 되었다.' 노먼이 유서에 내 이름을 언급함으로써 우리 아이들의 대학 등록금을 댈 수 있게 되었다. 하지만 더 중요한 것은 우리가 얼마나 서로를 아끼고 사랑했는지, 우리가 얼마나 노먼을 그리워할지도 알게 되었다는 점이다.

이 스토리의 교훈은

스토리 골조에서 교훈은 선택 사항이다. 스토리텔링 연습에서 스토리를 다 듣고 난 후 자신이나 다른 스토리텔러에게 스토리의 교훈이 무엇인지 물어보는 것은 정당한 일이다. 이 스토리의 교훈은 무엇인가?

교훈을 물어보면서 개인의 이야기에 나오는 특정 상황에 대한 시나리오를 탐구하게 되고 더 높은 수준의 교훈을 고찰하게 된다.

"이 스토리의 교훈은… '특이한 친척에게도 잘 대해주자.'입니다."

"이 스토리의 교훈은… '주변의 가족과 친구에게 감사하자.'입니다."

"이 스토리의 교훈은… '가족을 지키기 위해서는 품 안에서만 싸고돌지 말아야 한다.'입니다."

"이 스토리의 교훈은… '모두가 자신만의 문제와 상황에 처해 있고 우리가 할 수 있는 최선은 다른 이들을 이해하고 공감해 주려 노력하는 것'입니다."

스토리 구조를 주제로 책을 몇 권이고 쓸 수도 있다.(이미 시중에 많이 있다) 당장 그렇게 많은 스토리 구조를 전부 살펴보기는 무리다. 다만 서사적 스토리라고 해도 '스토리 골조'를 적용하는 것이 항상 이상적이지는 않다는 사실을 분명히 각인시키고자 한다.

그러므로 이것만은 반드시 해야 한다고 강조하고 싶다. 다른 방식으로도 제대로 말할 수 있으려면 먼저 스토리의 골조를 꼭 이해해야만 한다.

스토리 골조가 고전적인 '선형' 구조라면 '비선형적' 스토리는 어떻게 정의해야 할까?

비선형적 스토리

──── 비선형적 구조는 말 그대로 스토리의 사건이 엄격하게 시간의 흐름을 따라 일자로 흘러가지 않는 구조이다. 그래서 다양한 형태를 취할 수 있다.

실제로 겪은 스토리를 비선형적 구조로 만들려면 해당 스토리를 여러 형식에 대입해 보고 어울리는 형식을 찾아야 하는 어려움이 있다. 한 가지 형식이 모든 스토리에 어울리지는 않을 것이다. 스토리에 어떤 형식을 적용해 본다 해도 꼭 스토리텔링에 도움이(혹은 해가) 되지는 않는다. 경험을 공유할 수 있는 또 다른 방식을 알아보는 것뿐이다. 그렇게 하면 극적인 서술 구조와 핵심적인 서술 구조를 강화할 수 있고 동시에 감정, 웃김, 동정심, 교육 등 듣는 이에게 전달하고자 하는 감정의 균형을 맞출 수 있다.

〈더 모스〉 같은 라이브 스토리텔링 쇼에서 흔히 사용하는 비선형적 구조를 알아보자. 독자가 자기 스토리에 써볼 마음이 들도록 예시도 함께 적어놓았다.

꽃잎 구조

꽃잎 구조는 해당 구조를 설명할 때 같이 사용하는 그림 때문에 붙은 이름이다. 가운데 동그라미를 둘러싸고 '꽃잎'이 세 개 이상 붙어 있는 그림이다. 동그라미는 스토리를 아우르는 테마나 메시지다. 꽃잎은 각각 독립적인 스토리로 보통 서로 연관성이 없지만 중심 주제를 기반으로 하거나 주제를 뒷받침한다.

따로 얘기하기에는 '너무 짧게' 느껴지지만 한데 묶으면 더 크고 효과적으로 전달할 수 있는 스토리에 적용하기 좋은 효과적인 구조이다.

꽃잎 구조는 거의 에피소드 형식을 따른다. '그리고 한 번은'이라는 말과 함께 어떤 사람과의 만남으로 인해 어떻게

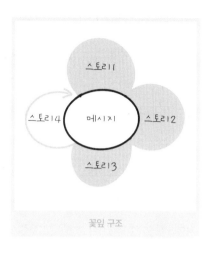

꽃잎 구조

되었다(혹은 어떻게 되지 않았다)는 사건이나 일어난 일을 말하게 된다. '그로 인해'라는 교훈이 있는 스토리 골조를 따라가지 않고, '교훈'이나 '생각' 등으로 한 에피소드를 끝마치고 같은 교훈이나 훨씬 더 성숙한 깨달음이 있는 '다른 때 일어난 일'로 이어진다. 이를 모두 모으면 여러 '꽃잎'이 통일되게 느껴지고 여러 스토리를 하나로 묶어주는 효과가 생긴다.

이런 종류의 스토리텔링 구조를 사용할 때는 주의해야 할 사항이 있다. 여러 스토리가 한 방향으로 흘러가는 느낌이 들어야 하지만 동시에 허를 찌르는 반전이나 결과가 드러나지 않게 해야 한다. 스토리텔러가 스토리의 결말을 내는 듯하다가 새로운 스토리를 시작하면 '안돼, 스토리가 끝난 줄 알았는데 다른 스토리가 시작해 버리네.'라는 느낌의 '듣는 이의 긴장'을 유발한다. 꽃잎 구조에서는 짧은 예시들이 더 큰 변화, 관점, 혹은 교훈을 뒷받침한다는 느낌이 들

어야 듣는 이들도 긴장을 풀고 스토리를 들을 수 있다.

　이런 스타일의 스토리텔링을 보여주는 영화로는 스티븐 소더버그(Steven Soderbergh)의 영화 〈트래픽(Traffic)〉이 있다. 영화의 제목은 영국 교통부에서 따왔다. 각본가 스티븐 개건(Stephen Gaghan)은 하나의 스토리 라인을 따라가는 대신 여러 가지 스토리를 따라가며 '마약과의 전쟁은 실패했다'라는 한 가지 메시지를 던진다. 재밌는 사실은 꽃잎 구조에 있는 독립된 스토리도 각각의 구조가 있어야 한다는 것이다. 메시지와 주제만 일치한다면 구조는 서로 달라도 된다.

북엔드

　'인 미디어 레스(In Media Res)' 구조라고도 부르는 북엔드 구조는 스토리의 길이와 상관없이 인기가 아주 많은 구조다. 이 구조의 '큰 개념'은 클라이맥스 바로 직전처럼 스토리 중간부터 시작하여 스토리를 쌓아올리는 과정을 넘기고 스토리의 중심으로 바로 뛰어드는 것이다.

　"저는 금문교 가장자리에 서서 생애 마지막 광경이 될지도 모르는 샌프란시스코만을 내려다보고 있었습니다."

　뭐? 왜? 어쩌다 거기까지 갔는데? 뭐가 어떻게 돌아가는 거야?
　북엔드 구조상, 이다음 순간으로 가기 직전에(실제 있던 경험을 스토리로 말한다는 사실을 감안했을 때 주인공이 이렇게 끝나지 않으리란 걸 다들 안다) 시간을 되돌려 2주, 혹은 2시간 전의 과거로 시점을 옮기게 된다. 듣는 이들이 궁금해 하는 재밌는 부분은 잠시 접어두고 어쩌다 여기까지 오게 됐는지 뒷부분의 내용을 채우기 시작하면 된다.

"2주 전 저는 로스쿨에 합격했어요. 부모님은 항상 제가 훌륭한 변호사가 될 거라 하셨죠. 아버지는 잘나가는 변호사셨는데 부모님 두 분이 했던 말다툼들은 전설급이었어요. 한번은 제가 나서서 서로의 말을 듣게 해야 했는데….."

이렇게 '클라이맥스' 장면에서 멀리 떨어져 한 사람의 배경에 대해 듣게 된다. 여기서 중요한 점은 궁금증을 유발한 뒤 한발 뒤로 물러나 배경 지식, 이해도, 드라마 등을 쌓아올려야 한다는 점이다. 그래야 나중에 다시 클라이맥스 장면, 다리 위에 서 있는 장면으로 돌아왔을 때 그 순간으로 오기까지 있었던 사실들과 기억들이 물밀 듯이 밀고 들어온다.

그러고 나서 결론을 말하면 된다.

"그 순간 그 길이 나와 안 맞는다는 사실을 알았어요. 저는 건축학을 배우고 싶었거든요. 그곳에서 도시 전경을 바라보고 있자니 눈물이 났어요. 다음 해에 저는 UC 버클리의 건축 석사 과정에 들어갔어요. 현재는 작은 건축회사를 운영하고 있습니다. 그리고 제 아버지는 우리 회사 자문단에 계세요…."

나 또한 '노먼' 스토리에서 이 구조를 사용해 주제가 드러나기 직전에 스토리를 끊었다.

"저보다 연배가 있는 사촌 노먼이 돌아가신 뒤 그의 아파트를 정리하고 있었는데 노먼이 감춰왔던 비밀을 발견했어요. 그럼 먼저 노먼에 대해 좀 말씀 드릴게요. 노먼은 뉴욕에서 자라서 뉴욕 억양이 강했어요…."

'비밀'을 언급했지만, 스토리의 결말 직전까지 비밀이 무엇이었는지 말하지 않았다. 어째서? 듣는 이들이 스토리를 듣는 동안 비밀이 무엇인지 궁금해 하길 원했기 때문이다! 비밀이 무엇인지 알아내는 놀이는 추리 소설과 같다. 노먼 스토리는 결말에서 비밀이 무엇인지 말했지만, 그 비밀은 스토리의 주인공이었던 나한테도 놀라운 일이었다. 듣는 이들도 예상과는 다른 비밀에 놀랐길 바랄 뿐이다.

북엔드 스토리 구조에는 또 다른 이점이 있는데 스토리가 길 때 쓰기 좋은 전략이란 점이다. 스토리텔러가 스토리를 이해하는 데 중요하다고 생각하는 배경 지식과 불필요한 앞부분을 과감히 잘라내야 스토리의 디테일에 더 빨리 접근할 수 있다.

직접 해보기 전까지는 믿기 어렵겠지만 스토리에 뛰어들면 보통 '이해하게' 된다. 그리고 정보가 필요하다고 생각되는 순간에 조심스럽게 되짚어가다 보면 누가 왜 그랬는지 모든 배경 지식을 이해하게 된다.

플래시백

북엔드 구조의 또 다른 형태는 훨씬 더 전통적인 플래시백 구조다. 스토리를 선형적 방식으로 말하기보다 듣는 이들을 바로 스토리의 세계 속 '지금' 이 순간에 떨어뜨리고 필요할 때마다 배경지식을 푸는 방법이다.

픽사의 〈토이 스토리 2〉에서 아름다운 플래시백의 예시가 나온다. 카우보이 우디가 스토리의 주인공이지만 갑자기 다른 장난감인 제시와 광부 피트 아저씨가 아무 배경지식 없이 소개된다. 둘은 수집용 장난감으로 우디를 포함해 한 세트가 되어 도쿄의 장난감 박물관에 전시될 영광의 순간만을 기다리고 있었다. 제시는 활기찬 '왈가닥 카우걸'이지만 '상자 안으로 돌아가는' 상황을 매우 두려워한다. 우디가 자신의 삶과 가족을 위해 이들을 떠나려는 결정적인 장면이 될 때까지 제시에 대한 정보는 거의 나오지 않는다.

이 시점에서 '그 애가 날 사랑했을 때' 노래가 나오면서 제시 또한 한 아이에게 사랑을 받았지만 시간이 지나면서 방치되고 잊혔다가 종국에는 버려진 장난감이란 사실이 공개된다. '현재'로 돌아왔을 때 관객은 제시가 모든 걸 잃어버린 적이 있다는 사실과 지금 왜 또다시 버림받는다고 느끼는지 그 가슴 아픈 사연을 명확하게 알게 된다.

영화를 보기 전 이 정보를 알았다면 제시에 대해 전혀 다른 인상을 받았을 것이다. 제시가 입체적인 캐릭터로 느껴지고 감정 이입도 되지만 제시가 등장하는 재밌는 장면에서 덜 '왈가닥'처럼 느껴질 수도 있었을 것이다.

적절한 때가 될 때까지 제시의 가슴 아픈 사연을 남겨둠으로써 우디가 떠나지 않기로 결정하는 과정을 훨씬 더 명확하게 이해하고 공감할 수 있게 된다.

그와 반대로 픽사의 또 다른 영화인 〈업〉에서는 시작하자마자 핵심 줄거리의 배경지식을 보여준다. 불평불만뿐인 주인공 칼 프레드릭슨에 대해 알아야 할 것을 10분간 대사 하나 없이 모두 보여준다. 긍정적이었던 젊은 시절, 사랑과 상실로 인해 변해버린 현재의 칼을 스토리 도입부에서 전부 담아낸다.

스토리의 '지금'을 스토리의 핵심 '뼈대'로 잡고, 필요한 비선형적인 배경 지식이나 장면을 언제 어떻게 플래시백으로 삽입해 캐릭터의 결정에 영향을 주는 요소로 삼을지 생각해 봐야 한다.

다른 스토리텔링의 장치와 마찬가지로 캐릭터의 감정이나 캐릭터의 정체성을 보여주는 명확하고 구체적인 예시를 사용해야 플래시백의 효과를 극대화할 수 있다. 덜 효과적인 '플래시백'의 예시를 들어보자.

"엄마가 한 말에 혼란스러웠던 적이 자주 있었어요."

불특정한 기억이나 플래시백은 스토리에 별 영향을 주지 못한다. 서술을 뒷받침하지 못하고 캐릭터에 대한 공감도 이끌어내지 못한다. 스토리텔러가 말하려는 바를 효과적으로 보여주는 특정 순간을 고르는 게 훨씬 바람직하다.

"제가 열두 살이었을 때 엄마가 저를 여름 캠프에 데려갔어요. 차창 너머로 엄마한테 작별 인사를 하는데 엄마가 지갑에서 콘돔을 세 개 꺼내주면서 이러시더군요. '엄마는 할머니가 되기에는 아직 너무 젊다.' 그러고는 휙 가버리셨죠."

영웅의 여정

가히 업적이라 부를 만한 조셉 캠벨(Joseph Campbell)의 저서 《천의 얼굴을 가진 영웅(The Hero with a Thousand Faces)》에서는 '단일 신화'라는 개념을 만들어냈다. 이 개념은 통합된 신화적 구조이며 신기하게도 시간, 문화, 종교, 지리적 위치를 막론하고 많은 스토리에 깃들어 있다. '영웅의 여정'이란 용어를 붙인 이 원형 서사 구조는 일종의 '스토리 골조'이다. 이런 구조에서는 스토리가 시작한 장소로 다시 돌아와 끝이 나지만 캐릭터의 내면은 처음과 달리 완벽히 변해 있다.

영웅의 여정에서 캐릭터는 '알려진 세계'에서 '미지의 세계'로 떠나 장애물과 시련, 패배나 (문자 그대로, 혹은 비유적인) 죽음을 겪고 '새로운 평범한' 상태가 되어 고향으로 돌아온다.

영웅의 여정 구조를 보면 스토리 골조와 비슷한 점이 많다는 사실을 알게 될 것이다.

이 구조는 스토리텔러가 스스로 '영웅의 여정'에 대한 질문을 던져보면서 스토리에 깊이와 풍부함을 더할 수 있어서 좋다.

- 이 스토리에서 내 캐릭터(혹은 나 자신)가 겪는 외적 여정은 무엇인가?
  - 외적 여정은 직업, 관계, 보상, 무엇이 되었든 성취하고자 하는 일 등 외적 목표가 될 수 있다.
- 내 캐릭터가(혹은 나 자신이) 겪는 내적 여정은 무엇인가?
  - 내적 여정은 내적 상태이다. 무엇을 원하는가/무엇이 필요한가?
  - 내적 욕구가 외적 여정에서 발견할 것과 상충하는 경우는 매우 흔하다. 그런 외적 보상을 얻는다고 해도 캐릭터의 개인적 변화를 발견하는 계기가 된다.
  - ≫ 루크 스카이워커가 동굴에서 다스 베이더와 마주쳤을 때를 생각해 보자. 다스 베이더가 마스크를 벗자 그 안에는 루크 스카이워커 자신이 있었다.
  - ≫ 서로 상충하는 경우도 생각해 보자. 외적 목표는 돈을 버는 것이지만 내적 목표와 변화는 반대로 사람들을 돕는 것이다.

아래는 영웅의 여정 이야기의 비트(극에서 스토리가 진전되는 순간이자 듣는 이가 다음에 무슨 일이 생길지 궁금해 하는 순간 – 옮긴이주)를 짧게 요약한 것이다.

(그리고 매일…) '원래 세계'의 영웅

(그러던 어느 날…) 모험이 영웅을 부르다

(영웅은 모험보다 안전을 택한다) 부름을 거부하는 영웅

(더 이상 되돌아갈 수 없고 반드시 맞서야 한다) 첫 번째 한계점을 넘다

(그로 인해… 그로 인해…) 시련과 시험

(그리고 마침내…) 가장 깊은 동굴과 최후의 시련

(그날 이후…) 부활과 원래 세계로의 귀환

이번 장의 교훈은 모든 스토리에 어울리는 한 가지 '구조'는 없다는 것이다. 이 책에 나온 구조와 다른 스토리 구조를 배우면 스토리를 말할 때 선형적, 비선형적, 순환적 구조 등 선택 사항이 늘어난다.

위와 같이 잘 알려진 여러 구조에 스토리를 앉히다 보면 원래 버전이 가장 나을 때도 있다. 어쩌면 자기 스토리를 다른 시각에서 볼 수도 있고 전에는 간과했던 사실을 깨닫게 될 수도 있다.

다양한 시각에서 스토리를 본다고 손해 볼 일은 없을 것이다.

> **TIP** 어떤 스토리 구조를 쓸지 결정하는 방법
>
> **수많은 스토리 구조 중 어떤 구조가 내 스토리에 '딱' 맞을까?**
>
> 1. 스토리 골조를 알아낸다. 스토리를 선형적 구조로 만들어보자.
>
> 2. 도입부가 듣는 이를 '사로잡는'가? 듣는 이가 바로 관심을 보이는가? 아니라면 인 미디어 레스를 사용해 궁금해 할 만한 장면에서부터 시작해 보자.
>
> 3. 도입부가 괜찮다면 스토리의 어느 부분이 지루한가? 플래시백이나 편집으로 모멘텀을 끌고 갈 수 있거나 원하는 페이스를 지킬 수 있는가?
>
> 4. 재미있어질 때까지 새로운 스토리 구조를 활용해 (다른 사람에게) 스토리를 말해보자.
>
> 5. 원하는 임팩트를 얻을 때까지 몇 가지 스토리 구조를 사용해 보자.

켄 애덤스의 스토리 골조

켄 애덤스의 스토리 골조를 활용해 자기만의 스토리 아이디어를 만들거나
스토리를 만들어보자.

옛날 옛적에 _____

_____

_____

_____

그러던 어느 날 _____

_____

_____

_____

그리고 매일 _____

_____

_____

_____

_____

그로 인해 _____

_____

_____

_____

_____

그로 인해 _____

_____

_____

_____

_____

그로 인해 _____

_____

_____

_____

_____

그로 인해 _____

_____

_____

_____

_____

그러다 마침내 _____

_____

_____

_____

_____

그날 이후 _____

_____

_____

_____

_____

(선택 사항) 이 스토리의 교훈은 _____

_____

_____

_____

_____

_____

_____

_____

_____

_____

3장

애드리브적 사고방식

애드리브 용어 - "얻기"

뜻 : 관객의 제안을 받아 장면을 시작하기

예시: '두 사람이 만날 장소를 얻을 수 있을까요?'

애드리브 쇼에서는 스토리, 캐릭터, 장면이나 게임의 대사가 순간
적으로 만들어진다. 애드리브 쇼에서는 자주 관객에게 제안을 받거
나, 혹은 '얻거나' 다른 곳에서 소재를 찾아 시작한다.

이 책은 애드리브에 관한 책은 아니지만, 스토리텔링이 '애드리
브적 사고방식'에서 배울 수 있는 핵심 요소가 몇 가지 있어 소개한
다. 표면적으로는 '실제 경험을 바탕으로 한 스토리텔링'이 애드리
브와 정반대로 보이기는 한다. 애드리브는 경험에서 스토리를 얻지
않고 그때그때 스토리를 지어내는 프리스타일이기 때문이다.

이번 장에서는 애드리브의 기본 원칙과 더불어 몇 가지 애드리브
게임 및 연습법을 짧게 배우면서 경험을 바탕으로 한 스토리를 만
들 때 애드리브를 어떻게 적용시킬 수 있는지 알아볼 것이다.

이러한 콘셉트는 점점 유행하고 있는 '애드리브 적용법'의 일부
로 연기 학원과 코미디 학원에서 쓰는 게임과 그룹 레슨을 팀워크
다지기, 미술 치료, 재난에 준비하는 자세 기르기 등 다양한 목적에
적용하고자 하는 움직임이다.

말하기나 쓰기에서 '애드리브'라는 말, 그 단어 하나만으로도 사람
들이 부담감을 느끼는 경우는 흔하다. 창피를 당할지도 모른다는 두
려움과 '적절한 말'을 해야 한다는 강박관념 때문이다. 만약 독자가

이렇게 느낀다면 혼자만 그런 것이 아니다. 안심해도 좋다. 이는 콘셉트일 뿐이고, 실제 연습은 이 콘셉트를 바탕으로 하여 부정적인 내면의 자아로부터 가장 좋은 아이디어를 해방시키는 것이 목적이다. '안될 거야', 혹은 '별로야'라고 말하는 내면의 목소리로부터 말이다.

다음 장에서는 그룹 스터디에서 애드리브의 기본기를 사용하는 방법을 설명하고 창의적인 아이디어를 긍정적이고 기운을 북돋아주는 방식으로 피드백하고 건설적인 비판을 주고받는 방법을 다룰 것이다.

'맞아, 그리고'라고 말해라

사람들이 애드리브 훈련 레퍼토리에서 가장 친숙한 것이 있다면 '맞아, 그리고'의 기본 콘셉트이다.

아직 다듬는 중인 스토리를 공개 리뷰하고 이를 바탕으로 토의하는 피드백 시간에 참여했을 때 '맞아, 그리고'의 콘셉트는 창의성에서 그치지 않고 존중과 예절로 이어진다. 밥 쿨한(Bob Kulhan)이 쓴 논문 〈'맞아, 그리고'가 사업에서 가장 중요한 콘셉트일지도 모르는 이유("Why 'Yes, and' Might Be the Most Important Concept in Business")〉에서는 이렇게 설명한다.

"'맞아 그리고'는 각자 의견의 중요성을 인정해 준다.
아이디어가 정확히 어떤 가치가 있는지를 수용하고 편견 없이
아이디어를 모을 수 있는 방식을 제시한다.

이로 인해 팀원 개개인의 시각을 표현할 수 있는 분위기를 만든다."

- 밥 쿨한

파블로 피카소는 이런 말을 했다.

"나는 아이디어로 시작한다. 하지만 아이디어는 곧 다른 무언가가 된다."

나에게 이 말은 애드리브를 정의하는 말과 같다. 아무 데나 한 곳에서 시작해 시작한 곳을 관찰하고 발전시키고, 무언가를 더하면 전혀 다른 무언가가 된다는 마음가짐이다. 시작할 때는 전혀 상상할 수도 없던 것으로 바뀐다.

'아니오'라고 말하면 어떻게 될까? 아니오는 매우 중요하다. 이말은 피드백으로부터 '나'를 안전하게 지켜준다. 문제가 일어나지 않게 해준다. 스토리텔링 그 자체에 '아니오'라고 말하는 것 자체는 괜찮은 일이다. 그렇지 않나? 내 의견이나 관점 때문에 창피를 당할 필요도 없고 친구나 가족이 화낼 일도 없고 다른 사람을 화나게 하거나 짜증 나게 할 일도 없다.

하지만 '맞아'라고 말하면 무슨 일이 일어나는가? '맞아'는 모험으로 이어진다. 위험성으로, 가능성으로, 발견으로, 예상치 못한 일로 이어진다.

'맞아, 그리고'라고 말하려면 연습이 필요하다. '그 아이디어 별론데'라고 말하는 마음속 부정적인 자아는 묻어 두고 '그 또한 아이디어지'라고 있는 그대로 인정하도록 바꾸어야 한다. 그 뒤에는 또 다른 아이디어가 있다. 그 뒤에도 또 다른 아이디어가 있고. 그렇게 '야구 방망이'를 휘두를수록 '타율'이 올라가게 될 것이다.

그래서 아이디어를 짤 때(ideate) '맞아, 그리고'를 사용한다. 처음 스토리를 만들 때, 남들 앞에서 큰소리로 스토리를 말할 때 '맞아, 그리고'는 이런 작용을 한다.

애드리브 용어 – "ideate"
1. 아이디어를 만들어내다: 상상하다 혹은 마음속으로 그리다.
2. 생각하다.

스토리를 말하는 행위 자체가 '맞아, 그리고' 게임과 같다. 무언가를 말하고 다음에 나올 말을 꺼낸다. 계속 말을 더하다 보면 스토리가 끝난다.

스토리를 듣는 사람을 잘 보면 듣는 이는 말을 하지 않아도 스토리텔러를 돕는 중이다. 어떻게? 표정과 몸짓으로 도와준다. 스토리를 듣는 친구는 고개를 끄덕이고, 미소 짓고, 웃거나 다른 반응을 보인다. 실시간으로 '피드백'을 한다. 시계를 보거나, 눈이 다른 곳을 향하거나, 이미 들은 내용을 묻는 행위는 부정적 피드백이다. 스토리나 스토리텔링 방식에 문제가 있다는 뜻이다. 아니면 스토리나 스토리텔러와 상관없이 좀 힘든 하루를 보냈거나. 깜빡하고 애들에게 챙겨주지 못한 점심이나 수의사가 청구한 바가지요금이 생각났을 수도 있다. 중요한 사실은 내 스토리가 그런 걱정거리를 넘어서지 못했다는 점이다. 여전히 중요한 피드백을 받고 있다는 뜻이다!

다음은 이 콘셉트를 연습할 간단한 '그래, 맞아' 게임들이다.

루머

—— 루머는 간단한 '맞아, 그리고' 게임으로 두 명 이상이 할 수 있다.(혼자서도 할 수 있다!) 이전 문장을 긍정하며 아이디어를 하나 더해서 내용을 더 고조시키는 것이 콘셉트이다.

게임을 할 때 어떤 '루머'를 들었냐고 물어보며 상대방에게 차례를 넘긴다. 루머 내용이 고조되면 두 사람은 손으로 입을 가리고 '깔깔'대며 루머를 끝낸다.

루머를 끝낸 사람이 다음 루머를 시작한다. (세 명 이상일 경우 빙 둘러앉아 돌아가며 하고, 두 명일 경우 상대방에게 차례를 넘긴다.)

🔊 예시:

A: 야, 브래드. 이발사 존스 아저씨 루머 들었어?

B: 응! 이발소에 갔더니 입 냄새 때문에 눈물이 날 정도라던데! 〈깔깔!〉 야, 데이브. 길 건너 애들 루머 들었어?

A: 응! 동네 집마다 돌아다니며 문 열쇠 구멍에 본드를 넣고 다녀서 외출 금지당했대! 〈깔깔!〉 야, 브래드….

B: …

원하는 만큼 반복한다.

'맞아 그리고' 게임

───── 다음은 고전적인 '맞아, 그리고' 게임이다. '루머'처럼 이 게임도 혼자, 짝을 지어, 혹은 여러 명이 둘러앉아 할 수 있다. 아이디어를 마치 '공' 돌리듯 다음 사람에게 넘기며 마지막 아이디어까지 스토리를 계속 진행한다. 자기 차례를 시작할 때는 '맞아, 그리고'로 운을 뗀다.

아래의 예시는 두 사람이 서로 주고받는 상황을 묘사한다. 연습 요령은 '좋은' 아이디어에 연연하지 말고 머리에 가장 먼저 떠오르는 아이디어를 사용해 최대한 빨리 진행하는 것이다. 글로 쓸 때는 결과와 상관없이 최대한 빨리 타이핑하면 된다.

A: 생일 파티에 관한 스토리야.

B: 맞아, 그리고 우주를 테마로 했어.

A: 맞아, 그리고 모두가 우주복, 헬멧, 외계인 코스튬을 입었어.

B: 맞아, 그리고 생일 주인공인 내가 파티에 도착했을 때 누가 누군지 모르겠더라.

A: 맞아, 그리고 '짜잔'이라고 하는 대신 다들 외계어를 해댔어.

B: 맞아, 그리고 케이크는 형광 녹색이었어.

A: 맞아, 그리고 다스 베이더가 케이크 속에 숨어 있다가 날 깜짝 놀라게 했어.

이전 아이디어에 다른 아이디어를 쌓아 올라가며 스토리가 어디로 갈지 지켜보자!

한 번에 한마디 스토리

──────   이 게임은 스토리를 만들거나 발전시킬 때 '맞아 그리고'
의 콘셉트를 적용하는 방법이다. 듣고, 받아들이고, 아이디어를 더
해 가면 스토리를 만들거나 실제 있던 경험을 좀 더 완성된 스토리
로 발전시킬 수 있다. 이 게임은 두 사람 이상이 필요하다. 아니면
그저… 스토리를 쓰는 모양새가 된다.

참가자들은 빙 둘러서거나 두세 명씩 짝을 지을 수 있다. 스토리
를 한 번에 한마디만 말한다. 각 참가자는 한 문장에서 한 마디씩만
말할 수 있다. '마침표'를 말하는 사람이 꼭 필요하지는 않지만 문장
이 끝났음을 알릴 수는 있다.

이 게임은 생각보다 어려울 수 있다. 특히 초보자한테 그렇다. 게
임을 하다 보면 누군가는 스토리를 진행하기 위해 접속사와 같은
지루한 말을 해야 할 수 있다는 점을 기억해야 한다. 어쩌면 스토리
가 가는 방향성이 머릿속에 그려져서 두 마디를 말하고 싶을지도
모른다. 그래서 '그러나' 대신 '그러나 엘리베이터가'라고 말하고
싶을 수도 있다. 상대방을 믿으며 주고받아라. 한 사람이 스토리의
일부만 통제할 수 있기에 의외의 스토리가 나올 수도 있다.

A: 옛날에   A: 소녀가   A: 내게

B: 한   B: 학교에서   B: 물었다

A: 자기	B: 데리러	A: 여자애
B: 숙제를	A: 갔는데	B: 엄마가
A: 대신	B: 이미	A: 엄청
B: 해줬냐고	A: 다른	B: 이쁘고
A: 그러더니	B: 남자애와	A: 잘해줘서
B: 파티에	A: 같이	B: 여자애가
A: 같이	B: 갔다고	A: 없으면
B: 가자고	A: 해서	B: 자주
A: 물었다	B: 너무	A: 놀러
B: 그	A: 슬펐다	B: 갔다
A: 여자애를	B: 하지만	

좀 더 숙련된 사람을 위한 게임 방법은 한 번에 말할 수 있는 마디 수를 1, 2, 3, 4, 5, 4, 3, 2, 1마디로 늘렸다 줄이는 것이다. 이러면 점점 더 많은 스토리 내용을 말하다 스토리가 끝나갈수록 점점 말할 수 있는 내용이 줄게 된다. 아래 예시는 두 명이 말할 때마다 마디 수를 늘렸다 줄이는 규칙을 적용했다.

(한 마디) A: 옛날	(세 마디) A: 있는 산 아래
(한 마디) B: 옛적에	(세 마디) B: 살았는데 과자가 먹고
(두 마디) A: 파란 도깨비가	(네 마디) A: 싶대서 집에 있던 사탕을
(두 마디) B: 집 뒤에	(네 마디) B: 가지고 산기슭에 가서

뿌려줬는데   해서

(다섯 마디) A: 과자를 먹고는 너무   (세 마디) A: 방방 뛰며 말했다

행복해하더니 주머니에서   (세 마디) B: 도깨비야, 정말 고마워!

(다섯 마디) B: 도깨비방망이를 꺼내   (두 마디) A: 그리고 금은보화를

더니 금 나와라 뚝딱하고   (두 마디) B: 들고 집에

(네 마디) A: 금은보화를 비처럼 흩   (한 마디) A: 왔다

뿌려 주었다   (한 마디) B: 끝

(네 마디) B: 나는 너무 놀라고 행복

이 방법은 스토리텔링의 리듬감을 연습하기 좋다. 패턴이 끝날 때 스토리 전체를 끝내야 하므로 스토리가 중간쯤 (다섯 마디) 되면 슬슬 스토리가 결말을 향해야 한다는 감을 잡을 수 있다.

'애드리브적 사고방식'을 체감하기 시작하면 비난과 눈총 대신 창의적이고 개방적인 분위기 속에서 스토리를 만들 기회가 생겼다는 마음이 들 것이다. 긍정적인 생각과 마음가짐을 가지도록 훈련하면 스토리를 발전시킬 새로운 가능성의 장에 들어서게 된다.

'맞아, 그리고'

'좋은' 문구를 생각하려 애쓰지 말고 머릿속에 바로 떠오르는 아이디어를
써서 최대한 빨리 진행한다. 결과와 상관없이 최대한 빨리 쓰거나 타이핑
을 한다. 혼자 해도 되고 친구와 해도 좋다.

이 스토리의 내용은 _____

_____

_____

맞아, 그리고 _____

_____

_____

_____

_____

맞아, 그리고 _____

_____

_____

_____

_____

맞아, 그리고 _____

_____

_____

_____

_____

맞아, 그리고 _____

_____

_____

_____

_____

맞아, 그리고 _____

_____

_____

_____

_____

맞아, 그리고 _____

_____

_____

_____

_____

맞아, 그리고 _____

_____

_____

_____

_____

_____

4장

아이디어 공장

스토리텔링을 연습하고 가르치면서 알게 된 점이 있다면 누구나 놀라운 스토리가 될 기억과 경험들을 정말 많이 갖고 있다는 것이다. 그러니 그저 남들에게 들려주기만 하면 된다.

스토리를 만드는 과정 중 내가 가장 좋아하는 부분은 특정 주제에 맞는 스토리를 전부 생각해 내는 것이다. 아이디어를 찾아내는 중요한 방법 중 하나는 스토리를 만들기 좋은 토대가 무엇인지 생각해 보는 것이다. 그래야 시야가 넓어진다.

누가 재밌는 얘기를 해보라고 하면 머릿속이 하얘질 수도 있다. 그러다 누군가 재밌는 얘기를 하면 아마 '아, 나도 그 얘기 알아!' 할 것이다. 스토리도 마찬가지다. '좋은 스토리가 없는데'라고 하다가도 다른 사람이 스토리를 들려주면 '나한테도 그런 일이 있었어'라며 아주 멋진 스토리를 시작할 수도 있다.

'맞아, 그리고'를 포함해 앞에서 얘기했던 스토리 철학을 마음속에 새기자. '그 아이디어 별로네'라고 비난만 하는 내 안의 자아를 잠재우고, 앞에서 소개했던 게임을 해보며 잊었던 아이디어들을 되살려보자.

그 말을 들으니 생각나는데

———— 두 명씩 짝을 짓고 그룹 리더가 제시어를 말한다. 제시어를 듣고 두 사람 중 먼저 생각나는 사람이 기억을 매우 짧게 말한다.

A: (제시어 '학교') 좋아, 학교. 그 말을 들으니 유치원 첫날 무서워했던 게 생각나.

상대방이 그 말을 듣고 최대한 빨리 기억을 하나 말한다.

B: 내 전 여자친구가 유치원 교사였어. 그 말을 들으니 생각나는데 한 번은 여자친구 교실을 들렀었는데 오줌 냄새가 났었어.

A: 그 말을 들으니 생각나는데 한번은 학교에 강연하러 갔었는데 애들을 전혀 통제할 수 없었어.

B: 그 말을 들으니 학교를 땡땡이쳤다가 걸려서 혼났던 게 생각나.

A: 그 말을 들으니 교장 선생님 서명을 위조하려다가 벌점 받은 게 생각나.

연습할 때 유용한 몇 가지 팁이 있다.

참가자들이 스토리/기억 전체를 본격적으로 말하지 않는 게 중요하다. 이 게임은 스토리텔링이 아니라 아이디어 짜기가 목적이다. 한동안 생각해 본 적 없는 부분을 자극할 수 있는 단어를 듣고 기억의 조각들이 떨어져 나오게 하는 것이다.

기억들이 떨어져 나오게 하는 동안 각자의 역할을 자각하는 것도 중요하다. 상대방이 '맞아, 그리고'라고 기억에 무언가를 추가할 수 있는 바탕을 만들어줘야 한다. '나도 똑같은 일을 겪었어.'라고 하면 '맞아'는 있지만 '그리고'가 없어서 다음 기억을 불러올 계기가 없다.

A: 그 말을 들으니 교장 선생님 서명을 위조하려다가 벌점 받은 게 생각나.

B: 그 말을 들으니 생각나는데 나도 똑같은 일을 겪었지만, 부모님 서명을 위조하려다 걸렸어.

A: 그 말을 들으니 생각나는데 나도 아빠의 낙서 같은 서명을 따라 해보려고 해봤었어.

B: 그 말을 들으니 이름을 적는 대신 처음으로 나만의 '서명'을 만들어보려고 했던 때가 생각나.

A: 그 말을 들으니 생각나는데 고등학교 때 공책에 밴드 로고를 베껴 그리던 적이 있어.

내 경험상 이 게임을 하면 몇 분 안에 학생들은 수많은 스토리 소재를 생각해 내는 동시에 서로에 대해 알아가며 공통점도 발견하게 된다. 어떤 학생은 다음 데이트 때 이 게임을 해보겠다고까지 말했다!

클래스에서 이 연습을 한 뒤 시간이 남는다면 필요한 사람은 연습 때 나온 아이디어들을 노트에 적어 두라고 한다. 그럼 나중에 기억들을 아이디어로 발전시킬 수 있기 때문이다.

'그 말을 들으니 생각나는데'는 아이디어를 짤 때 '맞아, 그리고'라고 할 수 있는 한 가지 방편이다. 다음 장에서는 기억 속에 갇혀 있는 '가장 좋은 아이디어를 꺼낼' 다른 게임들과 연습법에 대해 알아볼 것이다.

연습 그 말을 들으니 생각나는데

혼자서, 친구와 함께, 혹은 종이에 연습해 보자. 제시어를 쓰고 (혹은 말하고) 생각나는 짧은 기억을 써보자. (말해보자)

제시어 _____

_____

_____

_____

_____

그 말을 들으니 생각나는데 _____

_____

_____

_____

그 말을 들으니 생각나는데 _____

_____

_____

_____

그 말을 들으니 생각나는데 _____

_____

_____

_____

그 말을 들으니 생각나는데 _____

_____

_____

_____

그 말을 들으니 생각나는데 _____

_____

_____

_____

그 말을 들으니 생각나는데 _____

_____

_____

_____

그 말을 들으니 생각나는데 _____

_____

_____

_____

그 말을 들으니 생각나는데 _____

_____

_____

_____

아이디어를 '연구'할 때 쓸 만한 또 다른 기술은 '스토리로 쓸 만한' 기억을 함께 겪은 친구나 가족, 당사자에게 물어보는 것이다. 함께 겪은 사람의 시각에서 당시 일을 들으며 오래된 기억에 수북이 쌓인 먼지도 털어내 보자.

제시어로 가지치기

———— '위험한 상황'이라는 스토리텔링 제시어를 들으면 무슨 생각이 나는가? 위험한 일이나 미친 짓을 했던 때가 생각나는가? 나무에서 떨어진 경험 같은 게 생각나는가?

'제시어로 가지치기'는 머릿속에 떠오르는 처음, 두 번째, 세 번째 아이디어를 사용하지 않고 넘기는 행동을 말한다. 튀어나오는 아이디어들을 하나둘씩 쳐내며 한동안 떠올리지 않았던 기억들을 향해 더 깊숙이 들어가야 한다. 이 기술을 쓸 때 내가 지향하는 방식은 뻔하거나 지루하거나 '나쁜' 아이디어부터 떠올리는 것이다. 뻔한 아이디어나 진전 없는 아이디어들을 종이에 옮겨 적어(혹은 말로 꺼내) '옆으로 치우고' 다른 훨씬 황당하거나, 이상하거나, 의미 있는 아이디어가 나오도록 길을 튼다. 뻔한 아이디어에서 뻔하지 않은 아이디어로 옮겨감으로써 찾지 않으면 생각조차 하지 않았을 아이디어나 기억을 떠올리게 된다.

나는 스토리텔링 쇼케이스에서 말할 스토리를 떠올릴 때는 제시어부터 시작한다. 제시어 한 단어나 한마디가 생각을 떠올리게 하고 집중하게 해준다. 〈더 모스〉 같은 쇼의 프로듀서는 보통 몇 주 전이나 몇 달 전에 쇼의 테마를 공개하기 때문에 인터넷에서 쇼의 주제를 찾아볼 수 있다. 그럼 주제를 가지고 '제시어로 가지치기' 게임을 한다. 최근 〈더 모스〉에 나온 테마 목록은 이러하다. 끝, 고집, 상, 시험. 단어 하나를 골라보자. (아래의 예시는 '끝'을 주제로 한다) 단어가 가진 의미나 관련된 말들을 전부 모아 가지를 뻗어보자.

- 애완동물의 죽음
- 사랑하는 이의 죽음
- 관계/결혼의 종식
- 직업의 끝
- 대출이나 임차의 끝
- 머리카락의 종말
- 종착역
- 코스, 수업, 훈련, 과정의 끝에 다다름
- 그림, 시, 소설 같은 창작 활동의 완성
- 삶의 한 시기가 끝남: 임신, 어린 시절, 대학, 대학원

위에 있는 아이디어 중 스토리가 될 가능성이 있는 아이디어가 있는가? 내가 생각해 낸 기억이나 스토리 아이디어는 아래와 같다.

- 애완동물의 죽음:
  키우던 금붕어의 죽음을 통해 아이들에게 죽음에 대해 가르쳐준 스토리

- 사랑하던 이의 죽음:

  사촌이 죽은 뒤 사촌에게 비밀이 있었다는 사실을 깨닫게 되는 스토리

- 관계/결혼의 종식:

  우리 부모님이 며느리로 들이고 싶었던 여자와 헤어지게 된 스토리

- 직업의 끝:

  운전면허 시험에 불합격해서 우체국에서 잘린 스토리

- 대출이나 임차의 끝:

  아내가 임신했을 때 방을 빼야 했던 스토리

- 머리카락의 종말:

  다섯 살 동생이 사랑하는 (대머리) 사촌과 닮아 보이려고 머리를 민 스토리

- 종착역:

  스쿨버스에서 깜박 잠이 든 스토리

- 코스, 수업, 훈련, 과정의 끝에 다다름:

  운전 학원

- 그림, 시, 소설 같은 창작 활동의 완성:

  카바레 쇼를 기획해 순회공연했던 스토리

- 삶의 한 시기가 끝남:

  임신, 어린 시절, 대학, 대학원

  아이들이 여름 캠프에서 치아와 순수함을 잃은 스토리

가능성이 있는 아이디어를 한 개 혹은 여러 개 골라 스토리로 만들어보자.

그저 테마에 '맞아'라고 수긍하고 스토리가 될 만한 아이디어들을 목록으로 만들어보니 5분도 안 돼서 쇼에서 쓸 만한 아이디어가 열 개나 생겼다. 모든 아이디어가 사람들 앞에 내보낼 만할까?(내보낼 준비가 됐을까?) 물론 아니다.

자주 보는 또 다른 접근법은 테마를 받자마자 생각나는 첫 번째 아이디어를 스토리로 만드는 것이다. 그리고 곧바로 스토리를 말해보려 하지만 그리 잘되지 않는다. 결국 그 아이디어에 '아니오'라고 거부하게 되고, 어쩌면 '이 주제에 맞는 좋은 스토리가 없다'라면서 스토리를 말하는 것 자체를 거부할지도 모른다.

제시어 하나를 가지고 단어가 가지고 있는 의미와 관련된 말을 전부 모아 최대한 많은 가지를 쳐보자. 그리고 가지마다 스토리로 쓰기 좋은 기억이 나 연관된 일을 적어보자.

제시어

_____

가지 1	가지 2	가지 3	가지 4	가지 5

스토리 아이디어 | 스토리 아이디어 | 스토리 아이디어 | 스토리 아이디어 | 스토리 아이디어

_____

_____

_____

_____

_____

_____

_____

제시어

_____

가지 1   가지 2   가지 3   가지 4   가지 5

_____

_____

_____

스토리 아이디어 | 스토리 아이디어 | 스토리 아이디어 | 스토리 아이디어 | 스토리 아이디어

_____

_____

_____

_____

_____

_____

_____

_____

_____

———————— "스토리에 쓸 영감을 기다린다면, 당신은 작가(writer)가 아니라 웨이터(waiter)다."
— 댄 포인터(DAN POYNTER)

"아마추어는 영감이 떠오르길 기다리지만, 프로는 자리에서 일어나 일하러 간다."
— 스티븐 킹(STEPHEN KING)

스티븐 킹이 다작을 할 수 있는 이유는 단 한 가지 습관 때문이다. 그는 매일 글을 쓴다. 해야 한다고 '생각하는' 일조차 고통스럽다고 느껴질 수도 있다. 건강한 음식을 먹고, 더 자주 운동하고, 매일 글을 쓰는 일들이 그렇게 느껴진다.

영감이 잘 떠오르지 않는 작가나 스토리텔러에게 영감을 불어넣어줄 노하우는 정말 많다.

- 2~3일간 글만 쓰러 가기
- 30일간 매일 글쓰기
- 매일 '글쓰기 시간'을 마련하기

'스토리텔링'이 '글쓰기'보다 훨씬 더 유리하다고 느껴지는 점이 하나 있는데, 바로 컴퓨터나 펜과 종이가 필요하지 않다는 점이다. 입만 있으면 된다.

나는 항상 초고(혹은 두 번째, 세 번째 원고)를 '게워낸다'라고 생각한다. 빠르고 지저분하게 최대한 빨리 써내는 것이다. 원고가 좋은지 나쁜지 부정적인 자아가 따지기도 전에 머릿속에 있는 원고를 입으로(혹은 손으로 써서) 끄집어내라.

게워낸 원고는 원래 별로다! 의식에서 잘라내 나오는 대로 끄집어낸 원고다!

초고 게워내기가 애드리브 기술과 비슷하다고 생각하기 쉽다. '생각하려고' 멈추지 말고 계속 말하니 말이다. 그 순간에 집중해 아이디어를 꺼내면 그다음에 무엇이 올지 발견하게 된다. 게워낸 초고를 '버려도 된다'는 생각을 반복 훈련하면 초고가 더 이상 소중해 보이지 않을 것이다.

내 생각에는 그 '소중함'이 가장 큰 장애물이다. 내 머릿속에 좋은 스토리가 있는 건 이미 안다. 하지만 적절한 때와 적절한 장소에서 적절한 말을 하기 위해 기다리는 건 그저 말하지 않으려는 핑곗거리에 불과하다.

그래서 나는 쓰지 말고 먼저 말하라고 제안하고 싶다. 아무한테나 말해라. 나는 종종 콜택시 앱을 쓴다. 콜택시 운전기사들은 대부분 친근한 사람들이다. 그리고 거의 항상 얼굴을 모르는 낯선 사람이다. (한 번은 콜택시 기사가 우리 가족을 알아본 적이 있었다. 전에 크루즈에서 디즈니 공주 연기를 했다고 한다. 휴대폰에 그 사람과 같이 찍은 사진도 남아 있다!) 콜택시에 타면 '스토리 하나 말해도 괜찮을까요?'라고 묻는다. 아니면 좀 더 솔직하게 말한다. '제가 스토리를 하나 쓰고 있는데, 연습 겸 말해도 될까요?'

'오늘 날씨가 어떻다'라거나 어제저녁 스포츠 경기에 대한 잡담보다 훨씬 낫다! 이런 식으로 친구, 가족, 낯선 사람한테 스토리를 말하면 얻을 수 있는 가장 큰 효과는 듣는 이들이 몇 가지 반응을 보일 거란 점이다.

- 어떤 점이 좋았는지 피드백을 준다.
- 스토리를 듣고 생각나는 일을 말하며 공감해 준다. (어쩌면 자기 스토리를 말해줄지도 모른다)
- 너무 놀라서, 혹은 스토리에서 받은 감동을 어떻게 형언할 수 없어서 조용히 앉아 있다.

최소한 좋은 반응을 보이면 좋겠다고 꿈은 꿀 수 있지 않은가?

같은 이치로 나는 학생들에게 스토리를 만들 때는 가벼운 메모나 스토리의 '비트' 외에는 쓰지 말라고 한다. 스토리의 '비트'는 보통 간결해서 한두 단어 정도로 스토리의 장면 장면에 이름표를 붙이는 정도이다.

어째서? 스토리를 말로 하면 단어들의 조합이 어떤지 들을 수 있고 듣는 이에게 어떤 임팩트를 주는지 알 수 있기 때문이다. 듣는 이가 웃거나, 놀라거나, 머리를 끄덕이거나, 눈이 커지거나 한다면 뭔가 제대로 하고 있다는 뜻이다. 듣는 이가 뱁새눈을 뜨거나, 고개를 갸우뚱하거나, 시계를 보거나, 집중하지 못한다면 개선할 점이 있다는 뜻이다. 또한 초고를 말로 하지 않고 글로 쓰면 생기는 문제가 있다. 많은 이들이 자기가 쓴 단어들에 집착하게 된다. 종이에 쓰면 뭔가 달성한 기분이 들고 단어 하나하나가 소중해진다. 그럼 이미 글로 쓴 내용을 더더욱 편집하거나 수정하지 않게 된다. 그러니 처음에는 쓰지 말고 말로 하자! 여러 명한테 스토리를 말한 후 비트와 중요한 대사들을 적고 다시 말해보자.

초고 게워내기는 스토리텔러에겐 축복과도 같다. 실패해도 되고 굳이 좋은 스토리가 될 때까지 매달리지 않아도 된다. 친구나 낯선 사람 앞에서 실시간으로 스토리를 만들어가면서 테스트할 수 있는 방법이다.

5장

―

피드백 주고받기

3장에서 소개했던 콘셉트 '애드리브적 사고방식'에 더해 이번 장에서는 스토리텔링과 애드리브 그룹 스터디의 기본 방식을 설명하고자 한다. 긍정적이고 희망적인 방식으로 창의적인 아이디어가 발전될 수 있도록 서로에게 건실한 비판과 피드백을 주고받는 방법이다.

이는 기초적인 애드리브 훈련법을 실습하는 방식으로, 스토리텔러에게 건설적이고 고무적인 방식으로 긍정적이고 매우 생산적인 피드백을 준다.

작가 회의실

—————— TV 쇼나 영화를 제작할 때는 보통 작가와 프로듀서가 한 팀이 되어 일하며 창의적 협업을 통해 아이디어를 스토리로 발전시킨다.

'맞아, 그리고…' 원칙을 적용하면 아이디어의 장점에 더해 피드백에까지 집중할 수 있다. 스토리의, 혹은 스토리텔링 방식의 어떤 점이 좋은지 발견하여 그러한 장점을 발전시키고 키울 수 있다. 모든 스토리에는 '걸리는 부분'이 존재한다. 스토리의 '장점'을 강화하는 데 집중하면 같은 시간이라도 더 효율적으로 쓸 수 있는데 굳이 문제를 '고치는 데' 에너지를 쏟을 필요가 있을까?

이 방식을 제대로 쓰려면 '맞아'와 '그리고'라는 단어가 의미하는 바가 무엇인지 그룹에 참여한 모두가 동의해야 한다. 그럼 전체 과정을 나누어 차근차근 알아보자.

누군가의 스토리를 듣고 '맞아'라고 했을 때 정확히 무슨 의미일까?

맞아

- 확인
- 즐거움
- (아이디어를) 지지함
- 집중하고 있음
- 알아들음
- 믿음/신용

- 이해함
- 아이디어를 받아들임
- 관심
- 호기심
- 공감
- 동의

동의

동의 없이 스토리나 스토리텔러에게 '맞아'라고 할 수 있을까? 스토리는 매우 주관적이다. 개인의 경험, 신념, 편견을 보여준다. 듣는 이의 신경을 건드리거나, 짜증 나게 하거나, 불쾌하게 만들 수도 있다. 그러므로 생산적인 스터디 그룹이나 개인 간의 피드백에서 이 책에 나오는 가이드를 따르고자 한다면 유념해야 할 점이 있다. 스토리 전체에 혹은 마음에 안 드는 부분에 '맞아'라고 할 필요는 없다. 자신이 마음에 드는 부분에서만 '맞아'라고 하는 것이다. 그럼 '맞아'라고 말하는 원칙을 여전히 지킬 수 있다! '모녀 간의 스토리라는 점이 마음에 들어.'라고 말함으로써 콘텐츠가 마음에 들지 않는 스토리에 '맞아'라고 하는 동시에 중심 인물 관계가 마음에 들었다고 피드백을 줄 수 있다. 스토리의 콘텐츠가 살짝 불편하다면 '_ 장면이 마음에 안 들어.'라고 말하기보다는 좋았던 부분을 찾아보자. '캐릭터들이 와닿네. 실제로 있는 사람들처럼 묘사했군.' 왜? 이

상황을 다른 시각에서 생각해 보자. 여전히 스토리를 만들고 있는 스토리텔러에게 어떤 점이 안 좋은지 부정적으로 말하는 행동은 비생산적이다.

이제 '그리고'라는 말이 무슨 의미인지 알아보자.

그리고

- 내용 더하기
- 아이디어 더하기
- 내용 향상
- 새로운 아이디어 제시
- 한 부분을 좀 더 자세히 알아보기
- 만약에
- 변화
- 이어주기
- 내용 발전시키기

티나 페이의 저서 《보시 팬츠》에서는 '맞아, 그리고'의 콘셉트를 이렇게 설명한다.

"애드리브 호흡을 맞출 때 첫 번째 룰은 동의이다. 항상 동의하고 맞다고 말해라. 애드리브로 스토리텔링을 할 때는 상대방의 스토리가 무엇이든 동의해 줘야 한다. 두 번째 룰은 맞다고만 하지 말고 '맞아, 그리고'라고 해야 한다는 것이다. 상대의 스토리에 동의하고 자신만의 콘텐츠를 더해야 한다."

―티나 페이, 《보시 팬츠》 중에서

'맞아, 그리고'로 피드백의 방향을 잡는다면 장점 대 단점으로 피드백을 강제하게 된다. 스토리의 좋은 씨앗이 되는 '장점' 부분을 생각해 보자. 그 씨앗에 물을 주면 스토리가 장점을 중심으로 자라나는 모습을 볼 수 있다. 스토리의 죽어가는 부분을 짓밟으면 말싸움에서 이기고 단점을 짓밟을 수 있을진 몰라도, 전체 스토리와 스토리텔러의 의욕 또한 죽어버릴 수 있다.

피드백을 긍정적인 부분, 특히 스토리의 좋은 부분에 집중한다면 눈에 보이지 않는 중력이 작용하듯 스토리텔러와 스토리가 좋은 부분으로 끌려가는 모습을 볼 수 있다. 그리고 그 부분을 더 발전시키게 된다. 그 결과 어쩌면 좀 더 설명투의 스토리텔링이 될 수도 있다. 어쩌면 민감한 문제로 얽힌 양측의 스토리를 좀 더 균형 있게 말할 수도 있다.

나는 샌프란시스코에서 '라이팅 패드'라는 스토리텔링 클래스를 가르쳤다. 그 클래스에 참여했던 제프 핸슨은 자신의 데이트 경험에 대한 스토리를 발표했다. 그는 온라인 데이트를 이어오던 상대방 여자와 처음으로 직접 만나기로 했었다. 여자는 '전직 수영복 모델'이었다. 처음 데이트 상대를 만났을 때 제프는 그녀를 '섹시하다'고 표현했다.

"프로필 사진과 정말 똑같이 생겼는데 무척 드문 경우였죠!"

하지만 데이트를 하는 동안 그녀의 단점들이 보이기 시작했다. 여자는 꽤 큰 화재를 당해 머리카락이 불탔고 전신의 80%에 심한 화상을 입고 있었다. 불임 문제가 있었고 몸통을 따라 커다란 흉터도 있었다. 두 다리는 모두 의족이었다. 결국 제프는 여자를 끔찍하다고 생각해 다시는 그 여자를 만나지 않았다는 암울한 데이트 경험 담이었다.

클래스에 참가한 한 여성은 이 스토리에 커다란 불쾌감을 느꼈다. 굉장히 무례하고 여성 혐오적인 스토리라고 느꼈다. 제프가 역겨운 인간이고 여성 혐오자라고 생각했다. 이 여성은 제프의 스토리를 들었을 때 화가 나서 그 감정을 그대로 말해주고 싶었다.

하지만 클래스의 가이드라인을 지키기 위해 여성은 화가 났음에도 스토리에서 자신이 '맞아'라고 할 수 있는 부분만 거론했다.

"스토리에 나온 여성 캐릭터가 마음에 들어요. 그녀에 대해서, 또 그런 비극을 겪은 그녀가 겪은 고통에 대해 더 듣고 싶어요. 여성이 겪은 사고에 대해 들었을 때 남성 캐릭터가 당황해하는 모습도 마음에 들었어요. 경솔하게 보일 수 있는 감정을 드러낸 점은 용감했어요. 그 여성에 대해 어째서 그런 느낌이 들었는지 더 듣고 싶네요."

이러한 반응은 스토리에 약간(그리 약간은 아니지만) 관심이 있다는 뜻일까? 그럴지도 모른다! 이 여성은 관심이 있는 부분과 궁금한 부분에 피드백을 집중해 스토리텔러가 활용할 수 있는 제안을 했고, 어떻게 스토리를 수정하고 발전시킬 수 있는지 조언해 주었다. 스토리텔러가 그 상황에서 특정 감정을 느꼈다는 이유로, 혹은 스토리 초안에서 그러한 감정을 얘기했다는 이유로 나쁜 사람으로 낙인찍기보다는 이런 방식이 훨씬 건설적이다.

'맞아, 그리고' 방식으로 피드백을 주도록 노력한다면, 실제로도 스토리텔러가 더 나은 스토리를 만들고 피드백을 따라 개선할 수 있게 도움을 줄 수 있다. 스토리와 스토리텔러에 대한 모욕과 비난은 역효과가 날 위험이 있다. 스토리텔러는 창피함을 느끼고, 자기 이야기는 얘기할 가치도 없다고 느끼게 된다. 어떠한 스토리라도 제대로 된 방향으로 이끌어준다면 개인에게 중요한 경험을 표출하는 수단이 되는 동시에 공감을 끌어내고 감동을 줄 수 있다.

그러나 스토리텔러가 피드백을 받아들이지 않는다면 이러한 방식의 한계는 명백하다! '맞아, 그리고' 방식으로 아무리 훌륭한 제안을 한대도 스토리텔러가 들으려 하지 않는다면 소용없는 일이다.

합기도

사람들이 비판을 받아들이는 본능적인 방식은 세 가지다. 맞서 싸우기와 방어하기, 그리고 동화되기이다. 피드백을 받아들이는 방식을 바꾸려면 자각과 선택이 필요하다. '맞아, 그리고' 접근법으로 긍정적인 피드백이 와도 듣는 사람 입장에 따라 여전히 공격이나 비난으로 들릴 수 있다. 따라서 '피드백을 받는' 전략을 배울 때나, 가르칠 때나, 사용할 때 합기도 방식을 따르라고 말하고 싶다.

맞서 싸우지 마라

비판이나 어떠한 공격에 반응하는 가장 흔한 방식은 맞서 싸우는 것이다. 스토리텔링 클래스에서 피드백을 받을 때 다음과 같이 대화가 흘러가기도 한다.

> 선생님: 음식점에 들어가는 부분이 좋았어요. 그래서 음식점에 들어갔을 때 배경에 대해 좀 더 듣고 싶어요. 분위기, 손님들, 음식, 어떤 음식점이었는지 그런 것들 말이죠.
>
> 학생: 그러려고 했는데 그럼 스토리가 너무 길어지더라고요. 게다가 딱히 흥미로운 곳도 아니었어요. 스토리에 그리 도움이 되지 않을 것 같아요.

학생은 피드백에 맞서 싸우면서 '아니오'라는 뜻을 비쳤고 자신이 왜 그랬는지 설명했다. 이러한 전략을 쓰면 확실히 (자기 기준에서는) 맞받아치는 데는 성공할 것이다. 모든 피드백에 이런 식으로 맞서 싸우면 당장은 말싸움에서 이길 수 있고 스토리도 그대로 보전할 수 있다. 하지만 싸움 자체에서는 지게 된다. 피드백 시간이 끝나고 나면 누구도 피드백을 주고 싶지 않을 테니까. 피드백을 거부당하는 게 두려워서, 혹은 그렇게 될 걸 알기 때문이다. 그럼 스토리텔러는 집으로 돌아가 새로운 아이디어 없이 똑같은 스토리에 매달리게 된다. 벽에 머리를 박으며 어째서 스토리가 나아지지 않는지 고민하면서 말이다.

방어하지 마라

비판에 반응하는 또 다른 방식은 아기처럼 몸을 말거나, 귀를 틀어막거나, 철벽을 치는 것이다. 스토리 발표가 끝나면 창피를 당할까 봐, 감정이 상할까 봐 방어적인 자세로 전환해 주변에 관심을 끊고 피드백, 아이디어, 반응을 전부 무시한다.

클래스 분위기가 활기차고 좋은 아이디어로 넘쳐날 수 있다. '맞아, 그리고' 방식으로 긍정적인 부분에 집중해 웃기는 농담이나 대사를 만들고, 장면들을 압축해 좀 더 큰 임팩트를 만들 수 있을지 모른다. 하지만 스토리텔러가 귀를 틀어막는다면 이러한 피드백을 전부 놓치는 꼴이 된다.

클래스가 끝나고 나면 자기가 이겼다고 생각할지 모른다.

'내가 이겼어! 아무도 내게 상처를 주지 못했고, 내 이야기를 바꾸라고 강요하지도 않았어!'

하지만 다음 주 클래스에서 지난주와 똑같은 문제를 내포한 스토리를 말하며 어떻게 하면 스토리가 더 나아질지 묻는다면, 클래스에 참가한 다른 학생들은 황당할 것이다.

"이미 얘기하지 않았나요? 우리가 말해준 농담이나 대사들은 왜 하나도 스토리에 넣지 않았죠? 우리가 한 얘기 듣긴 했어요?"

피드백을 전부 차단한다면 당장은 이겼다고 느낄 수 있겠지만 나중에는 아무도 피드백을 주고 싶지 않을 것이다! 자신이 준 피드백이 무시당하길 원하는 사람은 없다. 잘 들어주고 알아주길 원한다. 피드백을 받을 때 맞서 싸우거나 방어한다면 피드백 주는 사람도 하기 싫어지게 되고 결국 교착상태에 빠지고 만다.

동화되라

───── 피드백을 받는 가장 좋은 전략이자 방법은 합기도처럼 상대의 힘을 거스르지 않고 동화되는 것이다. 얼 비커스(Earl Vickers)의 논문인 〈'맞아, 그리고': 애드리브, 합기도, 심리치료에서 받아들임, 저항, 그리고 변화('Yes, and': Acceptance, Resistance, and Change in Improv, Aikido, and Psychotherapy)〉에 이런 내용이 있다.

"합기도에서 상대방과 동화되는 연습은… 애드리브의 '맞아, 그리고' 연습과 닮았다… 현재에 충실할 것을 강조하고, 분쟁을 피하고, 저항을 선물로 본다. 이러한 유사성은 여러 분야에서 '맞아 그리고' 원칙이 유효함을 확인해 준다."

스토리텔러는 싸우거나 방어하기보다는 피드백을 경청하고, 받아 적고, '맞아, 그리고'를 연습하는 게 좋다.

선생님: 음식점에 들어가는 부분이 좋았어요. 그래서 음식점에 들어갔을 때 배경에 대해 좀 더 듣고 싶어요. 분위기, 손님들, 음식, 어떤 음식점이었는지 그런 것들 말이죠.

학생: 좋은 생각이에요. 음식점은 정말 이상했어요. 마치 욕쟁이 할머니 국밥집 같은 곳이었거든요. 첫 데이트 장소라기엔 너무 공격적이었죠. 고마워요!

아이디어와 피드백이 클래스를 자유롭게 흘러 다니게 해라. 아이디어가 좋을 수도 있고 나쁠 수도 있다. 사실 그 점은 중요하지 않다. 중요한 것은 중심이 되는 스토리를 위해 창의적인 동심원이 널리널리 퍼져나가도록, 절대 막지 않는 것이다. 바로 당신의 스토리를 위해서 말이다!

'맞아, 그리고'라고 하고 싶지 않다면 최소한 아이디어를 제시하는 사람들을 방해하지 말고 녹음하거나, 받아 적거나, (무시하거나, 도망가거나, 싸우지 말고) 다른 방식으로 피드백을 받아들여야 한다.

그럼 최소한 클래스가 끝나고 나면 스토리를 다시 '짤 때' 다음 단계를 시작할 지점으로 생각해 볼 만한 아이디어들이 잔뜩 생길 것이다. 사용할 수 있는 아이디어 목록은 '만약에'라는 방식으로 쓸 수 있다. '만약' 음식점을 묘사한다면? 데이트하러 음식점으로 들어가는 상황을 좀 더 웃긴 장면으로 연출할 수 있을지 모른다.

이 방식에서 가장 좋은 부분은 피드백을 주고받을 때 이 방법이 통한다면(성공률은 꽤 높다) 진짜 작가 회의실다운 분위기가 난다는 점이다. 창의적이고 도움이 되는 아이디어들이 날아다닌다. 여기저기서 사람들이 생각을 공유하고, 웃고, '맞아 그리고'를 사용한다.

최고로 좋은 점은 피드백으로서 제안하고, 종이에 적고, 토의한 모든 아이디어가 피드백을 받은 스토리텔러의 지적 재산이 된다는 사실이다. 즉 다른 이들이 최선을 다해 스토리를 개선하기 위한 아이디어를 짜내도 스토리를 쓴 공은 모두 스토리텔러에게 돌아간다는 것이다. '스토리텔링 워크숍 선생님 및 참가자 아홉 명과 공동 저술'한 것이 아니다. 모두 스토리텔러인 당신의 것이 된다. 아이디어를 이야기에 녹여내 자신이 겪은 상황을 자연스럽고 진짜 같이 만드는 궂은일은 모두 스토리텔러의 몫이기 때문이다.

그럼 대체 왜? 왜 그렇게 열심히 짜낸 아이디어를 공짜로 줄까? 자기 차례가 됐을 때도 다른 이들이 똑같이 해주길 바라기 때문이다. 다른 이들의 획기적인 아이디어로 자신의 스토리를 기발하게 만들고 싶기 때문이다. 기꺼이 서로의 기발함을 주고받는다. 나의 견해로 다른 이의 스토리에서 필요한 부분을 채워주는 대신, 내 스토리를 술술 쓸 수 있는 영감을 얻기 위해서. 타인은 스토리텔러의 스토리를 직접 경험해 보진 못했다. 그러니 궁금한 점을 물어볼 수밖에 없다. 데이트 상대 여성은 어땠나요? 남자는 왜 그렇게 행동했죠? 여성의 목소리는 어땠어요? 이러한 질문, 아이디어, 제안, 견해들이 스토리를 활성화하고 강화해 준다.

합기도에서 그렇듯 우리 자신의 마음을 열어 제안을 받아들이기 때문이다. 비커스의 논문에 이런 내용이 나온다.

"합기도 수련자는 들어오는 공격 에너지와 동화하여 그 에너지를 새로운 방향으로 표출한다. 주로 몸을 돌려 상대와 같은 방향을 보는 전략을 쓴다. 그러면 자신의 시점을 포기하지 않고도 공격자의 시점에서 상황을 볼 수 있다."

6장

묘사와 진행

스토리 골조를 확실히 이해했다면 거의 모든 일이나 사건을 시작, 중간, 끝이 있는 서술로 바꿀 수 있다. 이 책을 쓰는 중 내게 일어난 일을 예시로 들어보자. 집을 떠나 다른 도시에 머무르던 중 실수로 우리 집 조명을 다 꺼버린 일이다.

(옛날 옛적에…) 시카고에 가족들과 휴가를 갔다.

(그리고 매일…) 나는 인공지능 스피커로 집에 있는 '스마트' 거실 조명을 말로만 켜고 끄는 데 익숙해져 있었다. '알렉사, 거실 불 꺼줘.'라고 하면 조명이 꺼졌다.

(그러던 어느 날…) 호텔 방에 있을 때 장난삼아 '알렉사, 거실 불 꺼줘.'라고 말했다.

(그로 인해…) 그런데 내가 휴대용 인공지능 스피커 '알렉사 닷'을 가져왔다는 사실이 생각났다. 알렉사가 '알겠어요.'라고 대답했다.

(그로 인해…) 우리 집 거실 불이 다 꺼졌다.

(그로 인해…) 그날 우리 집에 하룻밤 묵는 손님이 있다는 사실이 기억났다.

(그로 인해…) 휴대폰 앱으로 집에 설치했던 또 다른 '스마트' 기기인 거실 CCTV를 확인했다. 어둠 속에서 손님들이 혼란스러워하고 있었다.

(그로 인해…) 손님을 엿보는 걸 들키고 싶지 않았지만 도와주고 싶었다.

(그로 인해…) 그래서 전화를 했다. '깜빡하고 불을 켜고 끄는 법을 말 안 했었네.'

(그리고 마침내…) CCTV 앱으로 손님들이 불을 켜는 모습을 확인했다.

(그날 이후…) 알렉사에게 말을 조심히 하게 됐다!

엄청나게 신나거나 재밌는 스토리가 아니란 건 나도 안다. 하지만 스토리를 만들 수 있는 기본 뼈대는 갖췄다. 내가 스토리를 다듬을 때 즐겨 쓰는 아주 좋은 연습이 있는데, 애드리브 게임으로 배운 '묘사와 진행'이다.

묘사와 진행

이 게임을 할 때는 두 사람이 짝을 짓는 게 최고다. 한 사람은 A로 다른 사람은 B로 지정한다.

A는 '스토리텔러' 역할을 맡아 제시어로 스토리를 만든다.

B는 '감독' 역할을 맡아 '묘사'와 '진행' 두 가지 단어를 사용해 스토리텔링에 개입한다.

묘사는 '좀 더 자세하게'를 줄인 말이다.

진행은 '사건을 진행해라'를 줄인 말이다.

묘사할 때 A는 스토리의 특정 요소를 최대한 자세하게 묘사해야 한다. B는 '_____를 묘사'(예시. '엄마 캐릭터를 묘사')라고 해 묘사할 특정 요소를 지정해야 한다.

스토리가 끝나거나 시간이 끝났을 때 서로 역할을 바꾼다.

'감독'은 절대 스토리를 수동적으로 들으면 안 된다. 감독은 스토리텔러에게 얻어 내고 싶은 걸 얻어 내는 역할이다. 흥미가 생기는 요소가 생겨서 더 많은 정보를 얻고 싶다면 '묘사!'라고 말한다. 스토리가 너무 오래 걸리고 질질 끄는 느낌이거나 묘사를 충분히 들었으면 스토리텔러에게 '진행'이라고 해줘야 한다.

이 게임에서는 상대를 상냥하지 않게 대하는 것이 아주 중요하다. 상대를 배려하기 위해 '묘사'와 '진행'을 외치길 망설이면 안 된다. 좋은 스토리가 중요한 게 아니다. 이 게임은 무슨 일이 일어나는지와 어떤 일이었는지의 균형을 강조하는 데 목적을 둔다.

나는 학생들에게 시각, 청각, 후각, 미각, 촉각, 감정, 모든 감각을 쓰게 유도한다. '그때의 감정을 묘사'라고 하면 당시 느꼈던 감정에 집중하게 된다. '고속도로를 묘사'라고 하면 '제 옆으로 차가 쏜살같이 지나가며 바람이 강하게 얼굴을 때렸어요. 트럭이 지나갈 때는 제트 엔진 소리가 났죠.'라고 묘사하게 된다.

이 연습은 글로 쓸 때도 말로 연습할 때도 적용할 수 있다. 학생 중에는 이 연습을 '매일 할 수 있었으면 좋겠다'라고 말한 사람도 있었다. 정보를 더 많이, 더 적게 말하라고 하는 사람이 있었으면 좋겠다고 했다. 그래서 나는 할 수 있다고 대답해 줬다. 누군가 관심 가는 스토리를 말하면 그 사람에게 '묘사!'라고 해보라고 했다. 그 사람도 분명 기꺼이 더 말해줄 것이다.

그럼 '아마존 알렉사' 스토리로 이 게임을 하며 스토리 골조를 토대로 묘사해 보자.

(옛날 옛적에…) 가족들과 시카고에 휴가를 갔다. 와이프와 두 아이를 데리고 2주 동안 가는 자동차 여행이었는데 다섯 개의 도시를 다니며 다섯 개의 호텔에서 머물기로 했다.

(그리고 매일…) 나는 인공지능 스피커로 집에 있는 '스마트' 거실 조명을 말로

만 켜고 끄는 데 익숙해져 있었다. '알렉사, 거실 불 꺼줘.'라고 하면 스위치가 멀리 떨어져 있는 거실 조명 두 개를 원격으로 끌 수 있었다.

(그러던 어느 날⋯) 밤에 호텔 방 침대에 앉아 있을 때 장난삼아 '알렉사 거실 불 꺼줘.'라고 했다. 그날은 종일 도시와 박물관을 돌아다니느라 지쳐 있었다. 굳이 일어나서 불을 끄지 않아도 컴퓨터가 알아서 호텔 불을 꺼줬으면 했다.

(그로 인해⋯) 별안간 휴대용 인공지능 스피커 '알렉사 닷'을 가져온 사실이 생각났다. 아니나 다를까 알렉사가 '알겠어요.'라고 대답하는 것이 아닌가. 알렉사 닷으로 음악도 듣고, 날씨도 알 수 있고, 알람으로 쓸 수도 있어서 여행에 가져온 터였다.

(그로 인해⋯) 알렉사가 대답을 듣자 호텔에서 2,000마일이나 떨어진 우리 집의 불이 꺼진 사실을 깨달았다. 보통 때라면 그리 놀랄 일도 아니었다. 하지만 곧바로⋯.

(그로 인해⋯) 그날 우리 집에서 하룻밤 묵고 가는 손님이 있다는 사실이 기억났다. 와이프의 대학 때 룸메이트 에린과 활기 넘치는 8살 아들 폴이 우리 집에 묵고 있었다. 집이 지저분해서 휴가를 가기 전 집안을 부랴부랴 정리했고, 와이파이 비밀번호부터 창문과 문을 잠그는 방법, 심지어 물건을 차에 두고 내리지 말아야 하는 이유(차 유리를 깨고 안의 물건을 훔쳐 가는 경우가 자주 있었다.) 등을 적은 5장 분량의 설명서까지 써놨었다.

(그로 인해⋯) 나는 휴대폰 앱으로 집에 설치한 또 다른 '스마트' 기기인 거실 CCTV를 확인했다. 어둠 속에서 손님들이 혼란스러워하고 있었다. CCTV를 확인하자니 기분이 이상했다. 손님의 사생활을 엿보고 싶지 않았다. 하지만

집을 오래 비울 예정이었던 터라 거실에 CCTV를 설치했었다.

(그로 인해⋯) 손님을 엿보는 걸 들키고 싶지 않았지만 도와주고 싶었다. 누군가 자신을 보고 있다는 사실을 모르는 8살 아이가 하는 행동은 꽤 귀엽고 웃기긴 했다.

"뭐야? 엄마! 엄마가 불 껐어요?"

우리 알렉사에게 불을 켜라고 말할까 했더니 가족이 전부 '안돼!'라고 소리쳤다. 그래서 어떻게 할지 가족과 논의했다. 그냥 불을 켜면 손님이 겁을 먹을 수도 있었다. 그렇다고 우리가 그랬다고 말하거나, CCTV로 봤다고 말하면 진짜 소름 끼치는 사람들로 볼 터였다. 평소에도 그랬듯 와이프가 적절한 아이디어를 내놨다.

"전화해서 잘 지내는지 물어보자."

(그로 인해⋯) 아내가 손님에게 전화를 했다.

"깜빡하고 불을 켜고 끄는 법을 말 안 했었네."

"세상에! 불을 어떻게 켜야 하나 설명서를 뒤져보고 있었어!"

전화를 끊고 나서 아이들에게 물어봤다.

"어떻게 하나 봐야 할까?"

모두가 동시에 고개를 끄덕였다. 우리가 지켜보는 가운데 사랑스러운 8살 아이가 피아노 옆에 서서 혀 짧은 소리를 내며 말했다.

"알렉따, 거실 불 켜조!"

폴은 마치 해리포터처럼 마법을 부리듯 말했다.

(그리고 마침내⋯) CCTV 앱으로 지켜보는 가운데 손님들은 불을 켜는 데 성공하고 환호성을 질렀다. 우리도 문제를 크게 만들지 않고 교묘하게 해결할 수

있게 돼서 환호성을 질렀다.

(그날 이후 …) 그날 밤 나는 한 가지 사실을 깨달았다. 우리 집과 삶을 24시간 감시할 수 있는 기계와 편의 시설이 주변에 잔뜩 있다는 사실 말이다. 그렇다고 음모론자처럼 굴진 않았다. 다만 휴가 내내 알렉사에게 하는 말을 매우 조심하게 됐다! 우리 집에 낯선 사람이 있었고, 우연찮게 이러한 기기들 덕에 집에서 무슨 일이 일어나는지 24시간 알 수 있게 되었으니까.

이 스토리로 만들 수 있는 이상적인 원고는 아닐지 모르지만 초고 게워내기니까 괜찮다. 스토리의 골조를 세운 뒤 스토리를 다듬어보았다. 묘사와 진행으로 디테일, 감정, 스토리로 얻은 고찰을 채워 넣었다.

최소한 이 원고의 경우는 마침내 스토리의 형태를 갖추기 시작했다! 서술의 도입부 '무슨 일이 있었나'가 있고 디테일, 대화, 내레이터 감정의 고찰을 통해 깨닫게 된 세계가 있다.

다음 단계는 당연히 큰 소리로 말해보는 것이다. 읽는 게 아니라 최대한 기억해서 말해야 한다. 그저 스토리를 읽는다면 글로 쓴 단어와 묘사구에 갇히게 된다. 기억으로 말하면 문장이 다른 식으로 나오게 된다. 그럼 더 좋을까? 실제로 말하기 전까지 모른다.

그다음 원고는 글로 쓴 원고와 말로 한 원고를 섞어 만든다. 일부는 글로 쓴 대로, 일부는 그 자리에서 나오는 대로 말하면 된다. 일어난 일(진행)과 어떤 일인지 설명(묘사)이 균형을 이룬 원고가 스토리의 이상적인 원고가 될 것이다. 스토리텔링을 할 때 묘사와 진행을 한다면 정보 이상의 경험을 사람들과 공유하게 된다.

연습 '묘사와 진행'

두 사람을 A와 B로 정한다.

A는 제시어로 스토리를 만든다.

B는 A에게 '묘사'나 '진행'을 하도록 개입한다.

자주 개입해라! 2~3분 후 역할을 바꾼다.

다른 방법(혼자 하는 방법): 스톱워치를 준비하고 스토리를 말한다. 10초마다 묘사와 진행을 반복한다. 마지막으로 묘사한 것을 더 묘사하거나 묘사하던 것을 기점으로 진행한다.

7장

착 달라붙는 스토리

> "코딩의 첫 90%는 개발 시간의 첫 90%를 차지한다. 나머지 10%는 개발 시간의 마지막 90%를 차지한다."
>
> — 톰 카길(TOM CARGILL), 노키아 벨 연구소(Bell Labs)

스토리의 영점 맞추기

스토리텔링 개발에서 중요한 두 번째 단계에 왔다. 바로 편집과 퇴고의 단계이다. 많은 이들이 이 부분을 힘들어하는데 나는 이 단계가 좋다. 이 시점에서 소매를 걷어붙이고 '아이디어 공장'인 뇌를 '점검'하는 뇌로 바꿔야 한다. 다른 시점으로 스토리를 보며 이리저리 조정할 때가 왔다.

퇴고에는 여러 가지 방법이 있다. 이전 장에서 말한 대로 스토리를 말해보는 것도 한 가지 방법이다. 여기서는 그 외의 다른 방법들을 소개해 보겠다.

나 자신에게

나는 가끔 스토리를 말로 하면 어떻게 들리는지 그냥 듣고 싶을 때가 있다. 꽤 오랜 시간을 차에서 보내기 때문에 휴대폰 녹음기를 켜고 운전하는 동안 스토리를 말한다!

솔직히 녹음한 스토리를 전부 다 듣지는 않는다. 아예 안 듣는 경우도 있다. 그럼 왜 녹음을 하는 걸까? 내게는 심리적 요인이 있다. 휴대폰도 듣지 않으면 아무도 듣지 않는 거나 다름없다. 누군가 혹은 무언가가 '듣는다'면 계속 스토리를 말해야 할 듯한 느낌이 든다.

스토리를 말하면 거의 항상 내가 계획하지 않았고 예상하지 못한 무언가가 내 입에서 튀어나와 나 자신도 놀라곤 한다.

그리고 집에 돌아와 예상하지 못했던 부분이 무엇이었고 어디서 나왔는지 개요를 글로 남긴다.

친구에게

스토리를 테스트해 보는 또 다른 좋은 방법은 친구, 친척, 혹은 취향과 의견을 신용할 만한 사람한테 말해보는 것이다.

피드백을 주는 사람들은 '맞아, 그리고' 방식의 피드백을 훈련하지 않았을 확률이 높다. 피드백이 건설적이지 않더라도 합기도식 전법을 써서 스토리를 듣고 이해한다고 느낄 수 있게 최선을 다하면 좋다. 그 후에 피드백을 받아들일지는 자신한테 달렸다.

듣는 이가 좋은 피드백을 줬고 시간이 된다면 나는 스토리를 (바로) 다시 말해도 되겠냐고 물어보기도 한다. 이번에는 피드백 중 기억에 남는 부분을 최대한 스토리에 접목하여 말해보고 어떻게 되는지 보자. 듣는 이도 스토리가 '어떻게 돌아가는지' 알기 때문에(내용을 알기 때문에 놀랄 일이 없으므로) 두 번 듣고 추가적인 피드백을 줄지도 모른다.

스터디에서

소규모 그룹이나 스토리텔링 클래스는 아주 좋은 기회다.

스토리텔러가 연습하고 서로 피드백을 줄 수 있기 때문이다.

각 참가자마다 시간제한을 두어 한 명이 강의 시간을 전부 잡아먹지 않도록 하자.

그룹에서 시간을 효율적으로 쓸 수 있는 다른 방법은 '스피드 데이트' 스타일로 짝을 지어 한 번에 한 명에게 스토리를 말하고 피드백을 주고받는 것이다.

오픈 마이크(관객 참여형) 스토리텔링 쇼에 가보자

───── 북미의 경우 스토리텔링 쇼가 인기가 많아지면서 거의 모든 도시에서 매달 오픈 마이크 스토리텔링 쇼가 열린다. 큰 도시라면 한 주에도 여러 번 공연이 있다.

관객 참여 시 주로 '제비뽑기'로 정하기 때문에 무대에 서지 못할 수도 있지만 뽑히길 빌어보자.

스토리텔링의 S.U.C.C.E.S.S 시스템

───── 스토리를 강화시킬 때 내가 즐겨 사용하는 '시스템'이 몇 가지 있다. 스토리 아이디어를 구상할 때 쓰는 방법은 아니고 스토리를 만드는 중간에 장점이 무엇인지 찾고 그 장점을 강화시키는 방법이다.

나는 히스 형제(댄 히스와 칩 히스. Dan and Chip Heath)의 열렬한 팬이다. 두 사람은 작가이자 강사로 스탠퍼드 대학과 듀크 대학에서 일하고 있다. 이들이 2007년에 발간한 저서 《스틱!》은 정말 나한테 착 달라붙는 내용이었다. 내가 지금까지 읽어본 커뮤니케이션 책 중 단연 최고였다.

이 책에서 저자는 성공적인 스토리, 마케팅 캠페인, 브랜드 케이스를 분석했다. 이들은 모두 기억에 '착 달라붙는' 인상을 남겨서 돋보일 수 있었다. 애플, 맥도날드, 사우스웨스트 항공과 같은 레드 오션에 있는 브랜드들은 뚜렷한 견해와 몇 가지 공통적인 특징으로 차별화에 성공했다.

《스틱!》에선 주로 마케팅과 광고를 겨냥했지만 많은 콘셉트를 스토리텔링에도 적용할 수 있다. 그중 하나는 '지식의 저주'를 극복하는 것이다. '지식의 저주'란 스토리텔러나 프레젠테이션 진행자가 자기 머릿속에 있는 정보를 듣는 이들도 알 거라 상정하는 습관을 말한다. 스토리텔러는 자신이 알고, 경험하고, 기억하는 스토리기 때문에 실제로 듣는 이가 '이해'하는 양보다 더 많은 정보를 '이해' 하리라 착각할 수 있다.

댄 히스와 칩 히스의 'S.U.C.C.E.S.S' 시스템을 스토리텔링에 접목하면 스토리를 훨씬 재밌게, 기억에도 잘 남도록, 그리고 제대로 말할 수 있게 다듬을 수 있다. SUCCESS는 단순함(Simple), 보편성(Universality), 구체성(Concrete), 신뢰성(Credible), 감성(Emotion), 스토리(Stories), 의외성(Surprise!)을 줄인 말이다.

아래는 각 단계를 짧게 분석한 내용으로 S.U.C.C.E.S.S 시스템을 접목하여 스토리를 진단하고 퇴고하는 방법을 설명해 놓았다.

단순함(Simple)

───── 자신의 스토리에 확실하고 이해하기 쉬운 하나의 큰 줄거리가 있는가? 스토리를 한 줄로 요약할 수 있는가?

🔊 예시:

"내 아들의 이 빠진 모습을 보고 내가 아들의 유년 시절에 대한 미련을 못 버리는 게 아닌가 고민하게 되었다."

"내 아이가 다니는 초등학교 앞에서 주먹으로 얼굴을 맞은 뒤 운전 습관이 바뀌었다."

스토리 자체가 '단순'해야 한다는 의미가 아니다. 줄거리와 스토리의 디테일은 복잡할 수 있어도 결국에는 변화가 일어나 캐릭터가 변하거나, 무언가가 변화했음을 깨닫는 한 가지 줄거리로 요약해야 한다.

핵심 줄거리가 없고 여러 갈래로 줄거리가 퍼진다면 다른 줄거리에 힘을 뺄 기회로 보자. 그래야 스토리의 핵심에 집중할 수 있다.

예시를 또 들어보자. 자신은 좋은 스토리를 아주 많이 알고 있다고 생각하는 사람들이 있다. 그래서 스토리를 말할 때 한 스토리가 끝나기 전에, 혹은 엄밀히 따지면 스토리가 이미 끝났음에도 계속 스토리를 이어가려 한다.

🔊 예시:

"그리고 한번은 아프리카로 이사하기로 마음먹었습니다."

잠깐, 뭐라고? 스토리는 이미 끝났고 결말도 정말 만족스러웠다. 그런데 갑자기 결말에서 '그러던 어느 날'이 등장하면 내 안의 스토리 골조 센스가 발동해 스토리텔러한테 멈추라고 소리치고 싶어진다.

그러니 스토리의 단순한 핵심 줄거리를 찾거나 역설계해서 만들어야 한다.

스토리가 현재는 달라진 무언가에 '대한' 것이라 가정해보자. 간단한 핵심 줄거리를 쓰거나 만들면 스토리를 다듬을 수 있다. 핵심 주제에 필요하지 않은 부분이나 주제를 뒷받침하지 않는 부분을 제거해 보자. 스토리에 도움이 될까 아니면 오히려 해가 될까?

보편성(Universality)

──── 자신의 스토리는 100% 자신의 것이다. 사람은 자신만의 삶과 경험을 통해 만들어져 다른 사람과 구분된다. 그러나 정말 독특한 경험을 했더라도 듣는 이와 공감대를 만드는 것이 중요하다. '보편성'이란 그런 뜻이다. 스토리에서 사람들이 공감할 수 있고 보편적으로 받아들일 수 있는 부분은 무엇일지 찾아보자.

제프 핸슨의 예시를 보자. 제프는 아주 비범한 삶을 살았다. 위스콘신 시골에서 어린 시절을 보낸 제프는 미니애폴리스로 이사를 했고 아내를 만난 뒤 캘리포니아로 이주했다. 아이들을 낳고 이혼한 뒤 직업을 바꾸며 제프는 변화를 겪고 자아 발견의 길을 가게 되었다.

제프의 스토리를 듣고 넋이 나간 적이 있었다. 그는 시골에서 꽤 혹독한 자기계발 프로그램에 참석한 적이 있었다. 프로그램 중에 모든 감각을 차단한 극한의 상황에서 내면을 탐구하는 코스가 있었는데 내면의 '파장'을 '듣는' 것도 포함되어 있었다.

스토리 자체가 너무 황당해서 어디가 보편적인지도 짚어낼 수 없었다. 전혀 믿을 수가 없고 모호해서 지어낸 스토리인 줄 알았다.

하지만 스토리가 진행되면서 내가 몰입할 수 있는 무언가가 나타났다. 당시 제프는 혼란스럽고 두려웠으며 인생의 답을 찾아 헤매고 있었다. 나는 충분히 공감할 수 있었다. 제프는 그 프로그램의 방식이 너무 이상해 회의감을 느끼고 있었다. 그 말에도 공감할 수 있었다. 제프의 눈을 통해 평범하지 않은 세계로 들어간다는 사실을 인정했을 때 비로소 제프의 시도에 공감할 수 있었다. 제프는 그 방식과 기술이 이상해 보여도 새로운 무언가를 시도하며 좋은 결과가 나오길 바라고 있었다.

제프가 과거 세상을 바라보던 시각을 언급하고 나서야 좀 더 편한 마음으로 제프의 스토리를 따라가며 그가 시도해 보고자 했던 이상한 세계로 함께 들어갈 수 있었다. 마치 앨리스가 토끼를 따라 토끼굴로 들어가듯 말이다. 사실 그 시점부터 기괴하면 기괴할수록 오히려 더 재밌게 느껴졌다. 제프가 어째서 그 프로그램에 관심을 가졌는지 공감할 수 있게 됐기 때문이다. 나 또한 새로운 것에 관심이 많으니까.

자기 스토리에서 '보편성'이 무엇인지 확인해 보자. 감정이나 인간관계처럼 누구나 공감할 수 있는 요소가 있는가? 이런 보편성이 있어야 특정 경험을 얘기할 때 듣는 이들을 계속 몰입하게 할 수 있다.

구체성(Concrete)

──── 구체성은 보통 스토리텔러가 스토리에 넣고자 하는 특정 디테일을 통해 나타난다.

가령 '버스에 오른다'는 말은 구체적이지 않다. 훨씬 포괄적인 느낌이라 듣거나 읽는 사람은 자기 경험을 바탕으로 각자 다른 외형과 느낌의 버스를 상상하게 된다.

나는 노란색 스쿨버스 입구의 계단 세 개를 올라갔다. 미소 짓는 운전기사 옆을 지나 버스 안으로 들어섰다. 곧 남은 자리라곤 맨 끝에 양아치들이 앉는 자리뿐이란 사실을 깨달았다.

이러면 시각적으로 상상이 되고 캐릭터가 어디에 있는지, 새로운 장소로 들어섰을 때 어떤 기분인지 구체적인 느낌도 알 수 있다.

'묘사와 진행' 게임을 할 때는 구체적인 사실을 말한다. 감각과 감정을 넣으면 포괄적인 문장을 훨씬 자세하게 만들 수 있다.

◁)) 예시:

'그녀의 거실로 들어섰다.'

'거실의 천장은 높았고 벽은 통유리로 되어 있어 마린 카운티의 붉은 삼나무 숲이 보였다.'

신뢰성(Credible)

──── 〈더 모스〉에서 놀라운 스토리들이 낮은 점수를 받는 경우를 봤다. 심사의원들이 스토리를 지어낸 일이라고 생각했기 때문이다. 사건이 고조되고 생각지도 못한 반전과 만족스러운 결말까지 있는 신중하게 짜낸 스토리들이었다. 하지만 10점 중 8점을 받았다. 왜 그럴까? 무대에서 누군가 스토리를 말할 때 관객들은 실제 있었던 일이라고 믿고 싶다.

그럼 어떻게 실제 있던 일로 믿게 할 수 있을까?

사실대로 말하라

먼저 스토리가 실제 있었던 일이라고 가정해 보자. 자신에게 일어난 일이고 어느 정도 정확하게 기억을 말할 수 있다. 그렇다면 옳은 방향으로 가고 있다. 픽션에 핍진성을 더하는 일은 전혀 다른 문제다. 모임에서 누군가에게 스토리를 말하다 보면 어느 부분은 대본을 읽듯 '항상 말했던 대로' 말하게 된다. 하지만 다른 부분의 디테일들은 말하는 동안 기억이 나는 순간에나 나온다.

실제 있던 일을 스토리로 말하는 것이기에 스토리를 기억해 내는 모습을 보이면, 즉 자기가 말하는 스토리에 즐거워하거나 스토리에 영향을 받는 모습을 보이면 듣는 이도 실제 있던 일이라고 믿게 된다. 스토리에 '양념을 치려는' 충동을 누르고 진솔하게 말하자.

완벽하면 안 된다

어째서 실제 스토리라도 물 흐르듯 말하면 진짜가 아니라고 생각하게 되는지 설명하긴 어렵다. 어쩌면 누가 봐도 연습한 티가 많이 나고 깔끔하게 다듬은 스토리를 완벽하게 낭독하기 때문에, 실제 있던 일이라는 느낌을 받지 못하고 오히려 독백극을 공연하는 배우로 생각하게 되는 걸지도 모른다.

진퇴양난인 상황이다. 많은 작가와 스토리텔러가 단어와 느낌을 임팩트 있고 공감이 가는 문장으로 다듬는 일을 중시한다. 그럼 어째서 훨씬 투박한 느낌의 스토리를 만드는 데 재능을 낭비해야 할까? 사람들은 진짜라는 느낌이 들어야 진짜라고 믿기 때문이다.

잘 다듬은 스토리가 나쁘다는 뜻이 아니다. 최고의 스토리는 공연하기 전에도, 공연하는 중에도 개발하고 다듬고 테스트해야 나온다고 생각한다. 내가 추천하는 전략은 준비한 내용을 따라가되 공연 중에서 즉흥적으로 나오는 말들도 사용하는 것이다. 스토리가 흘러가 '기억'의 영역으로 들어가도록 해라. 스토리텔링이 완벽하지 않아도 된다고 믿어라. 대신 스토리의 비트를 인식하고 임팩트 있는 문장들과 문학적 재능을 돋보일 대사들을 기억하자.

디테일

신뢰성은 오직 자신만이 스토리에 넣을 수 있는 말도 안 되게 자세한 디테일에서 나온다. '사촌 노먼' 스토리에서는 노먼이 좋은 스토리텔러라고 묘사했다. 이 말은 제대로 된 정보가 없는 포괄적인 문장이다. 모든 사람이 스토리를 말하고 다니기 때문이다. 그래서 그다음 바로 한 가지 일화를 소개했다.

노먼은 195센티미터 정도 됐어요. 안경도 크고, 귀도 크고, 코도 컸어요. 노먼은 이런 얘기를 많이 했어요.

"아, 코리, 전에 멋진 영화 한 편을 봤어. 《세븐》이라는 영화인데 너무 어두웠어. 진짜 어두운 영화였단다! 영화가 끝나고 나서 선글라스가 어디 있나 찾았는데 알고 보니 내가 계속 쓰고 있었지 뭐냐!"

여기서 그치지 않고 위에 나오는 대사를 말할 때는 마치 노먼이 된 것처럼 강한 뉴욕 억양을 썼다. 만약 이때까지 듣는 이들이 내 스토리를 진짜라고 믿지 않았다 해도 노먼의 삶에 대한 디테일들을 들으면서 노먼이 어떤 사람인지 머릿속으로 그려낼 수 있을 것이다.

듣는 이를 스토리의 세계 속으로 끌어들일 수 있는 디테일들을 찾아보자. 새로운 장소를 말할 때 묘사를 하다 나올 수도 있다. (예시: 고양이 오줌 냄새가 확 났다) 캐릭터의 외형을 묘사하면서 나올 수도 있다. (예시: 장발에 나치 문신을 했다) 어쩌면 스토리 안의 스토리로도 디테일을 만들 수 있다. (예시: 노먼의 영화 이야기) 디테일은 신뢰감을 주고 보편성도 강화해 준다. ('나도 그런 사람 알아!'라고 생각할 수도 있다.)

퍼포먼스

스토리를 말하는 방식도 신뢰를 얻을 수도, 잃을 수도 있는 요소이다. 버클리의 〈모스 쇼〉에서 자주 볼 수 있는 사람 중에 에바 슐레진저(Eva Schlesinger)가 있다. 에바는 〈모스 쇼〉에서 자주 우승하는데 고음의 모노톤으로 말하는 그녀의 스타일은 생각보다 훨씬 더 부자연스럽다. 하지만 관객들한테 인기가 많다. 그녀는 모든 면에서 '완벽하면 안 된다'는 룰을 깨버린다. 스토리의 단어 하나하나를 신중하게 선택하고 타이밍 또한 잘 계산해서 무표정한 얼굴로 아주 진지하게 말한다.

에바의 스토리는 아주 디테일해서 사실이라고 믿게 된다. 그리고 매번 임팩트 있는 말로 스토리를 마무리한다. 에바는 스토리 내용과 스토리 전달 방식 모두 과장되어 있지만 여전히 관객들을 홀린다.

에바는 이 룰에서 예외적인 경우다. 무표정한 얼굴로 진지한 캐릭터를 만들어서 소재의 색채가 드러나게 해 관객들을 스토리에 빠져들게 한다. 스토리가 진짜가 아닌 공연 같은 느낌이 너무 많이 들면 핍진성이 떨어지고 스토리의 신뢰성도 떨어진다.

결국, 신뢰성은 위에 나오는 요소들을 조합해야 나온다. 실제 있던 스토리에 구체적인 디테일을 넣고, 조금 어설프고 불완전하게, 혹은 완벽하게 전달해야 듣는 이들이 진짜 있던 스토리라고 '믿게' 만들 수 있다.

자기 스토리를 다듬을 때 다음과 같은 특징이 있는지 찾아보자. 진짜처럼 느껴지는가? 사람들이 내가 실제로 겪은 일이라고 믿게

만들려면 스토리텔링이나 퍼포먼스에서 어떻게 디테일을 더 넣을
수 있는가?

감성(Emotion)

────── 사람은 감정의 동물이고 보편적으로 받아들여지는 감정
이 있다. 스토리는 사랑, 공포, 놀람, 비통함, 즐거움, 걱정과 같은 감
정을 전달하고 끌어낸다.

연극, 음악, 미술과 같이 스토리텔링은 사람들의 마음을 움직일
때 좋은 스토리가 된다. 그럼 어떻게 스토리가 사람의 마음을 움직
일 수 있게 할까?

감정을 묘사하라

무슨 일이 일어났는지 말하는 데서 그치지 말고 그때 어떤 기분이
었는지도 같이 말하자.

"저는 겁에 질려 있었어요. 호텔 복도에서 알몸으로 홀로 서 있었고 숨을 데
도 없었죠. 너무 울고 싶으니까 오히려 웃음이 나더라고요."

거의 모든 일은 감정적인 비트로 꾸며줄 수 있다. 듣는 이에게 행
복했던 순간에, 혹은 힘든 순간에 어떤 기분이 들었는지 알려주자.
듣는 이들이 스토리 캐릭터에 공감하고 몰입하게 되면 자연스레 스
토리를 따라오게 된다.

스토리에서 캐릭터의 기분 상태를 서술하면 듣는 이는 캐릭터의 입장에 설 수 있다. 어떤 마음인지 이해하고 스토리에 점점 더 몰입할 수 있다.

감정을 느껴라

스토리텔링도 하나의 예술인만큼 감정을 느끼는 스토리텔러의 모습 또한 감정을 전달하는 방법이다. 스토리텔러가 스토리의 그 순간을 즐긴다면 듣는 사람들도 그 순간을 즐겼다는 사실을 표정을 통해 알 수 있고 같이 즐길 수 있게 된다.

기억하기도, 다시 말하기도 고통스럽고 힘들어서 말하는 속도가 늦어진다면 서두르지 말고 천천히 말하자. 듣는 사람들은 급할 게 없다. 그리고 스토리텔러의 감정은 중요하다. 감정은 스토리텔러 자신이 직접 사람들에게 신뢰를 줄 수 있는 무기다. 스토리텔러의 감정이 드러나야, 스토리를 말하며 그 순간을 다시 경험하는 심정이 어떤지 사람들도 공감하게 된다.

감정은 스토리의 뉘앙스를 줄 수 있는 볼륨조절장치나 마찬가지다. 사람들은 억지 신파처럼 감정을 강요하는 스토리를 싫어한다. 하지만 스토리텔링과 감정에서 진심이 묻어난다면 스토리에 더 몰입하게 된다.

스토리(Stories)

중복되는 느낌이 들지만 중요한 부분이다. 스토리를 만들거나 다듬을 때 스토리의 가장 기본적인 기능은 스토리라는 사실을 기억해야 한다.

* 처음, 중간, 끝이 있나?
* 스토리 골조 구조를 따라가는가?
* 유학 가서 생겨난 일들을 나열하는 게 아니라
* 전형적인 스탠드업 코미디처럼 하는 게 아니라
* 신생아 감염이 얼마나 많은지 알려주는 통계 자료를 줄줄이 꿰는 게 아니라
* 스토리가 스토리다울 때 듣는 사람들은 스토리에 더 공감하고 더 오래 기억하는 경향이 있다.

스토리를 듣는 경험을 좋게 만들려면 시간을 들여 사건이 고조되고 결말이 나도록 스토리를 만들자. 스토리에는 배경(옛날 옛적에…), 주인공(경험을 한 스토리텔러 자신), 시련(그로 인해… 그로 인해…), 발견이나 변화로 이어지는 연결된 사건의 연속(그날 이후…)이 있어야 한다.

사람들을 스토리로 끌어들이는 데 있어 두 가지 근본적인 난관이 있다. 바로 사람들이 궁금해하는 두 가지다.

* 다음에 무슨 일이 일어날 것인가?
* 그리고 결말은 어떻게 되는가?

사람들의 머릿속에 이 두 가지 질문이 떠나질 않는다면 스토리에

몰입하고 결말까지 스토리를 따라갈 것이다. 스토리를 기억했다가 나중에 다른 사람한테 이 스토리를 공유할지도 모른다.

개인적인 스토리일수록 사람들은 더 공감을 잘한다. 얻는 것도, 잃을 것도 없는 불굴의 영웅을 그린 스토리일수록 사람들의 관심은 멀어진다. 스토리조차 되지 못한다. 무엇을 정복했는지, 자기가 얼마나 똑똑한지, 창의적인지 자랑질밖에 되지 않는다.

의외성(Suprise!)

────── 댄 히스와 칩 히스는 두 사람의 저서 《스틱!》에서 '예상치 못한' 순간이 이목을 끌고 상상력을 자극한다고 말했다. 그런 상황이 될지 미리 알지 못했기 때문이다. 책에는 2001년 뉴 엔클레이브 자동차 광고가 예시로 나온다. 뉴 엔클레이브에는 원격 조정 슬라이딩 문이 있었고 천장 전체가 선루프로 되어 있었다. 행복한 가족이 새로 산 뉴 엔클레이브 미니밴을 타고 길을 달리는 장면이 나온다. 그리고 다음 순간 갑자기 다른 차가 와서 뉴 엔클레이브를 들이받고 사방에 유리와 쇳조각이 흩어진다. 뒤이어 한 문장이 화면에 떠오른다.

"이렇게 될 줄 몰랐습니까? 다들 그렇습니다."

이 광고는 차량 광고가 아니었다. 교통부에서 만든 안전 공익 광고였다.

스토리가 막 시작할 때 사람들은 이런저런 상상을 하게 된다. 스토리텔러가 말하는 정보를 바탕으로 하기도 하지만 어쩌면 스토리텔러의 겉모습을 보고 상상을 할지도 모른다. 스토리텔러의 나이, 인종, 성별, 옷차림 등의 요소를 바탕으로 말이다.

많은 경우 이런 상상은 기회를 만든다. 스토리텔링의 주제를 가지고 어떤 얘기를 들을지, 혹은 이런 종류의 스토리가 어떤지 사람들이 상상하게 만들거나, 혹은 사람들이 어떤 기대를 하는지 예측할 수 있다. 그리고 예상과 다른 의외의 스토리로 사람들을 놀래주면 된다.

실제 있던 스토리에 어떻게 이런 반전을 줄까? 자신이 겪은 일이니 그 내용을 잘 안다. 혹시 자신이 예상치 못한 일이었다면 분석해서 반전을 만들어보자. 사람들이 다른 상상을 하게 만들면 될까? 행복한 가족이 나오는 전형적인 자동차 광고에서 갑자기 교통사고가 나듯이 말이다!

사촌 노먼은 내게 거금의 유산을 남겼다. 나를 포함해 노먼을 알던 모두에게 놀라운 일이었다. 노먼이 얼마나 구두쇠였는지 알았기 때문이다. 스토리에서 노먼의 소박함만 강조한다면 유산을 받는 결말의 복선이 될지도 모른다. 그래서 노먼의 사생활과 관련된 비밀이라 생각하도록 다른 디테일들을 넣었다. 숨겨둔 가족이 있었다! 알고 보니 꽤 창의적인 사람이어서 베스트셀러 작가였다! 같은 다른 예상을 하게 만들었다.

모스(Moth) 원칙

〈더 모스〉 웹사이트에는 스토리텔러를 위한 팁이 있다.

댄 히스와 칩 히스의 책《스틱!》을 인용했듯이 〈더 모스〉의 팁을 적용해 내 나름대로 스토리를 다듬는 방법을 설명하고자 한다.

S.U.C.C.E.S.S 시스템과 같이 모스 원칙은 아이디어를 짜거나 영감을 얻으려는 용도가 아니다. 대신 스토리의 약한 부분을 보강할 수 있는 지침이 된다.

간단하고 진실하게

자신의 스토리를 한두 단어로 요약할 수 있는가? 내가 스토리텔링 클래스를 가르칠 때 가끔은 스토리를 듣고 나서 클래스에 이렇게 묻는다.

"이 스토리의 주제는 무엇일까요?"

그런데 정작 스토리텔러는 예상치 못한 답변이 많이 나온다. 예를 들어 그저 진흙탕 해변에서 휠체어를 탄 친구를 도와주는 동안 친구들이 자신을 비웃었다는 실없는 스토리를 말했을 뿐인데 클래스 사람들은 '우정', '충실함', '이타성' 등이 주제라고 말했다.

스토리를 입 밖으로 꺼내기 전까지는 무엇에 대한 스토리인지 제대로 알지 못할 수 있다. 스토리의 사건들은 스토리의 주제가 아니다. 주제는 다른 무언가이다.

〈더 모스〉 쇼에는 '나이', '끝', '배신' 등의 테마가 있다. 〈스토리 슬램(StorySLAM)〉에 가서 '나이'에 대한 열 가지 이야기를 들어보면 쇼의 테마나 제시어는 쇼의 주제가 아니란 사실을 알 수 있다. '가족'이나 '위기 극복'과 같은 테마에서도 서로 연관성 없는 전혀 다른 스토리들이 나온다.

자신의 스토리를 다시 보거나 다른 사람에게 스토리를 들려주고 '이 스토리의 주제는 무엇일까요?'라고 물어보자. 그리고 다른 사람이 말해준, 혹은 자신이 고찰한 주제를 염두에 두고 다시 한 번 스토리를 보자. 간단하고 진실한 메시지를 뒷받침하거나, 메시지에 의문을 표하거나, 메시지를 전달하기 위해 추가하거나, 생략하거나, 개선할 부분은 어디 있을까?

보편성

앞서 언급한 대로 스토리에 보편성을 더하거나 강화하는 일 또한 주목해야 한다.

스토리의 소재가 가족과 바다로 휴가를 간 일처럼 특정한 사건인가?

나에게도 그런 스토리가 있는데 카리브해에 갔을 때 아버지가 알몸으로 스노클링을 해서 부끄러웠던 경험이다. 내가 겪었던 특정 사건을 똑같이 겪진 않았겠지만, 과거에 부모님이나 친척 때문에 부끄러웠던 경험이 있었을 것이다. 그럼 '가족 때문에 부끄러웠다.'라는 보편적인 콘셉트가 스토리텔러와 듣는 이들을 이어준다.

황당한 스토리나 내가 겪어보지 못한 일에 대한 스토리로도 공감대가 형성될 수 있다. 우주 밖에 가본 적도 없고 제다이 같은 힘도 없지만, 스타워즈의 루크 스카이워커가 겪는 시련, 바람, 공포, 희망은 보편적이고 공감할 수 있는 일이다.

픽사의 〈니모를 찾아서〉는 사람이 만들어낸 판타지이고 나도 물고기는 아니다. 그런데도 주인공 물고기가 아들을 보호하려는 본능과 어떤 일에도 굴하지 않고 아들을 찾으려는 헌신, 그리고 순진한 니모가 경험을 쌓게 되는 줄거리에 공감할 수 있었다.

아무리 특이하고 특정한 일화라도 누구나 공감할 수 있는 면을 찾아 이를 토대로 스토리를 만들어가 보자. 당시 느꼈던 느낌과 인간적인 감정을 사람들이 공감할 수 있다면, 특별하고 신기한 경험만을 스토리텔링의 소재로 쓰지 않아도 된다.

약점

———— 우리는 대부분의 시간을 나만의 스토리 속 영웅으로 살아간다. 자신을 강하고, 능력 있고, 똑똑하고, 감각적이고, 재능 있고, 자신이 원하는 특성이 있는 사람으로 나타낸다. 면접이나 업무 평가에서 나 자신을 직업에 어울리는, 승진 받아 마땅한, 혹은 인정받아 마땅한 사람으로 표현한다.

아래는 내가 가르치는 클래스에서 앤서니 무스카렐라(Anthony Muscarella)가 말한 스토리이다.

"유치원생일 때 저는 물건을 훔치는 게 좋았어요. 티나와 샌디와 친했는데, 티나는 나쁜 년이었죠. 이 스토리는 티나에 대한 얘기도 아니에요. 샌디의 아빠는 레이저 펜을 수입하는 일을 했었는데, 프레젠테이션에서 쓰는 엄청나게 강한 레이저 펜이었죠. 그래서 샌디의 집에 갔을 때 레이저 펜을 하나

훔쳤어요. 다음날 스쿨버스에서 그 펜을 꺼내 들고는…."

이 스토리에 나오는 캐릭터는 '영웅적'이라고 할 수 없다. 오히려 비호감에 가깝다. '친구'를 '나쁜 년'이라 부르고 물건을 훔쳤다고도 했다. 스토리에서 무언가 끔찍한 일이 벌어지리라 예상하도록 꾸몄다. 나는 곧바로 스토리에 몰입했다.

앤서니는 자신의 약점을 드러내고 자신의 잘못, 의견, 범죄 성향을 인정했다. 그래서 그의 스토리에 관심이 많이 갔다. 무슨 일이 벌어질까? 자신이 말썽꾸러기라는 사실을 스스로 알고 있다. 스토리가 정말 재밌어질 것 같다!

가끔 스토리텔러들은 자신을 스토리에 있던 사건의 '위에' 있다는 듯 표현한다. '굉장한' 일이 '자신'에게 일어났는데도 자신을 그 일과 '관련 없는 사람'처럼 표현한다. 스토리 패턴은 대충 이렇다.

전 항상 _____ 에 매력을 느꼈어요. 그래서 어느 날 먼 곳으로 여행을 갔다가 _____ 를 목격했어요. 정말 굉장했어요!

이건 스토리가 아니다. 이 스토리의 캐릭터는 누군지도 모르겠고, 공감할 수 없고, 호감이 가지도 않는다. 약점이 없기 때문이다. 캐릭터가 주제의 위에 있다. 주인공은 주제에 관심이 있고 끝까지 그런 상태로만 있을 뿐이다.

캐릭터가 위험이나 감정, 결과에 영향을 받지 않는다면 듣는 이는 공감할 수 없다. 누군가 자신이 얼마나 대단한지, 똑똑한지, 재밌는지 말한다면 사람들은 '아, 그래서?'라고 생각할 뿐이다. 내 경우는 그 인물의 허점, 결점, 틈을 찾는다.

우리 모두에게 약점이 있기 때문이다. 우리 모두 걱정하고, 울고, 실패할 때가 있다. 그런 특징, 느낌, 경험에 듣는 이를 초대한다 해도 스토리텔러가 스스로를 깎아내리는 게 아니다. 서로의 위치를 맞추게 된다. 스토리텔러가 듣는 이들과 같거나 혹은 듣는 이들보다 못한 위치에 서면 듣는 이들의 공감, 연민, 이해를 이끌어낼 수 있다.

그래서 내 경우에는 인생 경험으로 사람들에게 깊은 인상을 남기려고 노력하는 대신 나 자신을 낮춘다. 누구나 약자의 스토리를 좋아한다. 약자가 성공하고, 이기고, 배우는 모습을 보며 행복해한다. 특정 상황 속에서 나의 약점을 드러내야 나보고 성공하라고 듣는 사람들이 응원한다. 항상 정답을 알고 있다는 자신감을 계속 피력하고 이후 그 답이 옳았다면 그건 여정도 아니고, 스토리도 아니고, 재미있지도 않다.

여러분의 경험이 부정적이길 바라는 염세주의적인 사람이라고 나 자신을 피력하는 게 아니다. 오히려 정반대로 여러분이 성공하고, 배우고, 장애물을 뛰어넘길 바란다. 하지만 당신이 느끼는 공포와 절체절명의 위기, 감수해야 했던 위험을 보여줘야 이를 극복하는 모습을 축하해줄 수 있다.

위에 말한 내용을 정리하자면, 스토리의 핵심은 변화와 상황에 영향을 받는 모습이다. 캐릭터가 변하지도 않고 영향을 받지도 않는다면 스토리가 아니다. 캐릭터의 실수와 약점을 드러낼수록 사람들은 캐릭터에 더욱 관심을 갖고 시련을 이겨내도록 응원한다.

특정성

―――― 이전에서 '구체적인' 디테일에 대해 다뤄봤다. 여기서도 비슷하게 '특정성'이라고 이름 붙였다. 스토리 속 사건, 일화, 조우를 구분 지을 수 있는 중요한 순간, 디테일, 요소는 무엇인가?

방에 들어가면서 방안을 묘사해 보자.

→ 벽의 색이 어땠는지, 장식은 어땠는지, 냄새는 어땠는지….

캐릭터의 목소리를 흉내 내보자.

→ 대신 예의를 갖추고 흉내 내자. 목소리나 억양을 핵심으로 잡으면 안 된다. 다른 문화나 다른 나라에서 온 사람들은 특유의 억양이 있기 때문이다.

클라이맥스가 되는 사건의 디테일은 천천히 말해보자.

→ 빠르게 훑고 지나가면 안 된다.

당시 사람들이 구체적으로 몇 명이 있었는지 말해보자.

→ '많은 사람이 서 있었다'라고 하지 말고.

내 클래스를 듣던 학생 중 밀턴 스카일러(Milton Schuyler)는 1970년대 페인트 시공 일을 했던 시절 스토리를 얘기했었다. 운명의 날, 장염과 싸우며 페인트를 다 칠한 밀턴은 페인트통이 여전히 사다리에 걸려 있는지 모르고 철수했다가 사고를 치고 만다. 바닥에

깔았던 천도 이미 걷어낸 상태였다.

"정말 조심조심해서 사다리를 내려와 화장실로 달려갔어요. 한참 뒤 화장실에서 나와 사다리를 옮기려고 했죠. 그때 페인트통이 떨어져 유리창에 부딪혔어요. 페인트가 유리창 나무틀에 잔뜩 묻은 채 흘러내렸고, 페인트통은 나무 바닥에 한 번 튕기더니 가구 위로 넘어가 버렸어요. 저는 그 자리에 엎드린 채 울음을 터뜨렸죠…."

잠깐의 실수로 난장판이 된 집 안의 세세한 디테일들을 밀턴의 눈으로 보면서 듣는 이들은 동정심을 갖게 된다. 이런 디테일은 클라이맥스와 갈등의 해결을 기대하게 만든다. 이걸 다 치울 수 있을까? 어떻게? 사고 친 걸 들킬까?

스토리에 생생한 디테일을 더할수록 스토리텔러가 원하는 장면을 사람들이 머릿속에서 그릴 수 있게 된다. 커다랗고 하얀 캔버스에 그림을 그리듯 사람들은 스토리텔러가 말하는 대로밖에 볼 수 없다. 아무것도 보지 못하거나 스토리텔러가 다르게 보고, 생각하고, 믿게 만들기 전까지는 스토리 속 세상을 자기만의 상상으로 채워 넣는다.

위기감을 조성하라

—— 밀턴의 페인트 스토리는 하루 벌어 하루 먹고 살던 생활로부터 시작된다. 집 한 채 내부를 칠하고 입소문으로만 다음 일감

을 받아 월세를 내고 다음 끼니를 때울 돈을 벌었다.

스토리에서 밀턴이 일감을 얻었을 때 집주인 아주머니는 까탈스럽게 굴었다. 집주인은 병원에 가서 일주일 후에 돌아온다고 했다.

"제가 돌아올 때는 작업이 끝나 있어야 해요." 밀턴은 작업을 해야 하는 주에 그만 장염에 걸리고 말았다. 하지만 자신이 필요한 것(의식주, 돈)과 집주인 아주머니의 요구사항(그 주에 작업을 끝낼 것)을 충족하기 위해 아픈 상황에서도 일하며 장염 바이러스로 뱃속이 난리 날 때마다 자주 화장실을 들락날락해야만 했다.

페인트통이 바닥에 떨어져 온 사방에 녹색 페인트가 튀었을 때 듣는 이는 밀턴만큼이나 충격에 빠진다. 스토리 속 밀턴의 아픔을 느낀다. 그리고 어떻게 이 상황을 타개할지 걱정하게 된다.

이 모든 요소들로 인해 캐릭터가 큰 위기에 처하기 때문에 서스펜스를 조장한다. 스토리의 '위기'는 무엇을 얻고 잃는지를 뜻한다. 제대로 안 되면 어떻게 될까? 제대로 되면 어떻게 될까?

밀턴의 스토리에 나오는 위기는 간단하다. 이 일을 망치면 살던 곳에서도 쫓겨날 수 있고 일감이 들어오지 않을 수 있다. 앞으로 아예 페인트 시공 일을 못 할지도 모른다.

이 스토리가 3막에 들어서면서 밀턴은 아직 집에 있는 할머니한테 사고를 숨긴다. "아직 안 말랐으니 위쪽으로 올라가지 마세요." 그리고 빠르게 철물점으로 가서 페인트 시너와 걸레, 창문용 세정제, 가구 광택제를 사온다.

방안 전체를 깔끔하게 복구하는 장면을 들으며 듣는 이들은 페인트 시공의 '노하우'를 몇 가지 배울 수 있었다. 듣는 이들은 위기 상황에서도 머리를 굴려 창의적으로 문제를 해결한 밀턴을 찬양했다. 집주인 아주머니가 돌아와 완벽하게 시공했다며 만족했을 때 듣는 이들 또한 커다란 만족감과 안도감에 한숨이 절로 나왔다. "팁을 더 드릴게요. 다음 주에 페인트 시공이 필요한 제 친구한테도 추천해 드리죠." 밀턴은 스스로 불러온 재앙에서 빠져나와 또 하루를 살게 됐다. 다음 달 월세도 낼 수 있었고, 다른 고객도 얻을 수 있었다.

무엇이 중요한지 모른다면 결과를 신경 쓰지 않게 된다. 그럼 한번 밀턴의 스토리를 '재미없게' 만들어보자.

"예전에 페인트 시공을 했었어요. 정말 잘했죠! 손님도 많았고 일도 완벽하게 한다는 평가를 받았어요. 한번은 페인트통을 땅에 떨어뜨렸지만 그리 큰 일은 아니었어요. 그런 상황에서 어떻게 할지 잘 알아서 쉽게 치울 수 있었죠. 집주인도 마음에 든다고 팁을 듬뿍 줬어요."

뭔가 빠져 있다. 사건의 전개는 비슷하지만, 위기감이 없다. 캐릭터의 내적 갈등, 질병, 고객을 만족하게 하려는 욕구가 빠져 있으니 스토리의 사건에 그다지 몰입할 수 없다.

스토리의 '위기'를 고조시키면 듣는 이도 앞으로 벌어질 드라마에 더욱 관심을 두게 된다. 사람들은 몸을 앞으로 기울이며 스토리텔러가 하는 말 한마디 한마디에 귀 기울이게 된다. 그다음이 궁금하니까!

스토리의 줄거리를 구성하라

━━━ 반복해서 말하지만, 위기, 특정성, 보편성, 약점, 단순함이 있다고 다가 아니다. 반드시 뚜렷한 처음, 중간, 끝이 있어야 한다. 세계가 한 방향으로 가다가 무언가가 모든 것을 바꿔놓고, 그로 인해 세계가 달라져야 한다.

내가 가르친 클래스에서 가장 마음에 들었던 스토리는 라라 누어(Lara Nuer)의 스토리다. 몬트리올 외곽에서 살던 어린 시절 어머니가 병에 걸린 강렬한 스토리였다. 그녀의 감동적인 얘기를 다 듣고 나서야 나는 스토리 구조가 좀 이상하다는 사실을 깨달았다. 그 스토리에서는 거의 아무것도 '일어나지' 않았다.

"제 어머니는 암으로 매우 아프셨어요. 전 고작 열다섯 살밖에 되지 않았고, 어머니한테 주사를 놔야 했어요."

라라가 들려준 스토리의 전체 줄거리는 이렇다. 어머니한테 주사를 놔야 했고, 주사를 놓자 어머니는 잠이 드셨다.

이 아주 짧은 서술에는 시작(어머니한테 주사를 놔야 했다), 중간(주사를 놓았다.), 끝(어머니께서 잠이 드셨다.)이 있다. 라라가 스토리텔링을 할 때 듣는 이들은 수많은 경험을 하게 된다. 어머니를 잃을지도 모른다는 라라의 공포를 느끼고, 어머니가 없으면 어떻게 될지 상상해보며, 어머니가 병으로 쓰러지기 전 즐거웠던 순간들, 어머니를 살리기 위해 어린 소녀가 주사를 놓는 과정을 분 단위로 설명한 디테일을 듣게 된다.

스토리의 줄거리 구성은 복잡할 필요가 없다. 간단한 사건이 시작되고 고조되어 서술이 끝나는 동안 캐릭터의 내면을 탐구해도 좋다. 캐릭터가 버스에 타서 낯선 사람과 얘기하고 버스에서 내리는 줄거리여도 된다. 낯선 사람과의 대화가 임팩트 있고, 그로 인해 자신이 어디로 가는지, 무엇을 하는지, 시간과 돈을 어떻게 쓰는지, 삶을 어떻게 살고 있는지 다시 생각하게 된다면 좋은 스토리가 된다.

좋은 스토리를 만드는 다른 요소와 원칙들에 탄탄한 스토리 골조가 더해진다면 어떤 줄거리 구조를 차용하더라도 사람들은 스토리의 처음, 중간, 끝에 모두 만족하고 스토리텔러에게 고마워할 것이다.

연습 '착 붙는 스토리'의 S.U.C.C.E.S.S 시스템을 사용해 자신의 스토리를 점검해 보자.

다음 기준을 적용해 현재 만들고 있는 스토리를 스스로 점검해 보자.

스토리 제목(혹은 가제):

_____

단순함-스토리를 가장 단순하게 요약하면 어떻게 되는가?

_____

_____

_____

_____

보편성-이 스토리에서 보편적으로 공감할 수 있는 아이디어/테마는 무엇인가? 혹은 이 스토리와 같은 경험을 해보지 않은 이들도 공감할 수 있는 장면, 대사, 경험은 무엇인가?

_____

_____

_____

_____

_____

구체성-스토리텔링의 묘사력을 높일 수 있도록 명료하게 묘사할 수 있는 구체적인 디테일이나 장면은 무엇인가?

_____

_____

_____

_____

신뢰성-어떤 방식을 통해 스토리텔러로서의 신뢰를 쌓을 수 있을까? 어떻게 하면 이 스토리는 실제로 있었던 일이고 기억나는 대로 말한 것이라고 사람들이 믿을까?

_____

_____

_____

_____

감정-이 경험을 통해 느낀 감정은 무엇인가? 스토리텔링에서 감정을 더 잘 전달하려면 어떻게 해야 할까?

_____

_____

_____

_____

스토리–스토리의 경험을 통해 무엇이 변화하였는가? 스토리의 처음과 비교했을 때 캐릭

터는 외적으로, 내적으로 어떻게 변화하는가?

_____

_____

_____

_____

_____

의외성–스토리의 어떤 순간에서 사람들을 깜짝 놀라게 할 수 있을까? 혹은 스토리의 어떤

사건에서 캐릭터가 놀라는가?

_____

_____

_____

_____

_____

8장

무엇에 대한 스토리인가

결혼하기 전에 나와 아내는 혼전 커플 상담을 받으러 갔다. 우리는 이미 약혼도 했고 결혼도 준비 중이었다. 이 스토리에서 상담사는 레비 박사라고 부르겠다. 레비 박사는 최근 우리 둘이 서로에게 말하기 망설이는 주제를 꺼내도록 '대화의 통로'를 열게 도와줬다. 우리 사이에는 얘기했다간 자칫 말싸움으로 번져 관계가 깨질지도 모른다는 생각에 입에 올리지 못하는 말들이 있었다.

레비 박사는 우리 질문에 답하는 대신 유용한 '도구'를 알려주었다. 살면서 관계를 진전시킬 때마다 쓰는 도구였다. 한번은 레비 박사가 결혼의 과정을 기차에 비유했다. 기차는 앞으로 나아가며 점점 속력이 빨라진다. 레비 박사는 우리에게 언제라도 기차를 멈출 수 있다고 말해줬다. 기차를 조종하는 건 우리지 다른 사람이 아니라고 했다!

다음 상담 시간에 아내 제니는 생생한 꿈을 하나 꿨다고 말했다. 내가 차를 몰고 있었고 제니는 조수석에 앉아 있었다. 그런데 누군가 다가오더니 창문을 열고 그녀를 공격하기 시작했다. 차가 움직이지 않아서 제니는 꼼짝없이 갇힌 신세였다. 내가 운전대를 잡고 있었기에 도망갈 수도 없었다. 제니는 스스로가 무기력하게 느껴졌다. 그러다 악몽에서 깨어났다.

제니는 그것이 무슨 꿈인지 이해하지 못했고 그저 불안하기만 했다. 심리적 요인이 더 있으리라 느꼈다고 한다. 레비 박사는 몇 가지 질문을 했고 제니는 결혼식 때문에 부담감이 점점 커진다고 했다. 특히 초대 인원이니 음식, 복장, 장식, 꽃과 같이 중요한 결정을 하라는 사람들 때문에 부담을 느꼈다. 마치 꿈속에서 자신을 공격한 사람과 같은 수많은 결정 사항에 제니는 어쩔 줄 몰랐다. 도망가지도 못하고 누구 하나 도와주지도 않는 상황에 갇힌 기분이었다.

레비 박사는 여러 가지 질문 끝에 제니에게 다시 한 번 꿈을 얘기해 달라고 했다. 제니는 꿈에서 자신을 공격한 사람에 대해 더 디테일해졌고 자기 기분을 얘기하면서 무의식의 상상력에 자신의 생활상이 어떻게 반영되는지 스스로 연결고리를 찾기 시작했다. 상담 시간이 끝날 때쯤 제니는 꿈의 의미를 이해했다. 중요한 일들이 머릿속에서 벌어지고 어떤 조치를 취해야 할지 씨름하는 자신이 보이는 듯했다. 자리에서 일어나기 전 레비 박사가 이런 말을 했다.

"제니, 다음에 그런 일이 일어나면 유리창을 올리세요."

우리가 찾는 답이 바로 코앞에 있는데도 못 찾을 때도 있다. 이번 장에서는 '스토리의 주제는 무엇인가'에 대해 더욱 깊이 알아보고자 한다. 많은 스토리들은 일어난 일 때문에 기억하게 된다. 하지만 좀 더 임팩트 있고 공감할 수 있는 방식으로 스토리가 착 달라붙게 만들려면 스토리 안의 의미, 더욱 깊이 있는 진실이나 메시지를 찾아야 한다.

'그날 이후…'부터 시작해 보자

한번은 '홀리데이 인' 호텔 복도에서 벌거벗은 채 깨어났습니다.

이 문장은 내 스토리 중간에 일어난 일이다. 이는 하나의 순간이자 사건이다. 그럼 이 사건을 어떻게 스토리로 만들까? 스토리의 처음, 중간, 끝 중 어디에 넣어야 할까?

답은 명확하지 않다. 그러니 이 사건에 대해 좀 더 탐구해 보자.

왜?

────── 왜 나는 벌거벗은 채 복도에 있었을까? 몽유병 때문에 호텔 방에서 나왔는데 문이 그대로 닫히면서 잠겨버렸고 나는 잠에서 깨어났다. 내게 몽유병은 주기적으로 일어났다. 어릴 때와 대학생 때도 몽유병이 있었다.

그다음엔 어떻게 되나?

────── 나는 당황해서 조간신문으로 중요 부위를 가리고 프런트로 가서 방문 키를 달라고 했다. 직원이 신분증을 제시하라고 하는 바람에 나는 어깨를 으쓱할 수밖에 없었다.

그 후 나는 어떻게 변화하였나?

────── 최소한, 남은 휴가 기간에는 절대 옷을 벗고 자지 않았다. 또다시 황당한 일을 일으키고 싶지 않았기에 행동을 바꾸는 쪽을 택했다. 즉 행동의 변화가 일어났다. '그날 이후…' 나는 옷을 벗고 자지 않았다. 이 정보를 가지고 결말부터 되짚어가면 스토리의 시작을 쉽게 역설계할 수 있다.

옛날 옛적에 하와이에 휴가를 갔어요. 그리고 매일⋯ 저는 옷을 벗고 잤습니다.

이 문장을 좀 더 다듬어야 한다. 왜 옷을 벗고 잤을까? 듣는 이들이 상황을 상상하기 쉽도록 이 경험에 좀 더 재밌는 묘사를 더할 수는 없을까?

(옛날 옛적에⋯) 동남아시아로 6주간 휴가를 갔어요. 처음 간 곳은 하와이로, 친구가 오하우에서 결혼식을 올리기로 해서 들렀죠. (그리고 매일⋯) 한 달 동안 필요한 물건을 배낭 하나에 넣고 있자니 자신이 구두쇠처럼 느껴졌어요. 어쨌든 빨래를 최대한 적게 하고 싶어서 알몸으로 자기로 했어요. 그러면 속옷이 덜 더러워질 듯해서요. 전 원래 혼자 있을 때도 알몸으로 자는 걸 좋아하지 않아요. 위험에 노출된 기분이고 거친 침대 시트에 몸이 닿는 감각도 좋지 않거든요. (그러던 어느 날⋯) 휴가 여행 첫날 밤 옷을 벗고 자기로 했어요. 그리고 잠에서 깼을 때 저는 복도 한가운데 서 있었죠.

점점 나아지고 있다. 궁극적으로 어디로 향하는지 아는 곳부터 시작해 보자. 스토리 골조 위에 변화(옷을 '벗고' 자는 행동에서 옷을 '입고' 자는 행동으로)를 씌우는 것이다. 그러면서 디테일, 캐릭터 비트, 감정적 반응을 더해 스토리를 살아나게 한다.
　스토리의 변화와 갈등 해결을 먼저 찾은 뒤 거꾸로 되짚어가보자. '그날 이후'에서 '매일'을 찾으면 줄거리의 결말을 얻을 수 있다.
　스토리 골조의 구성이 그렇다고 스토리를 그대로 말해야 한다는 법은 없다. 시간을 거슬러 올라가 전에 몽유병을 겪었던 일화를 말하면서 이번 일이 독립된 사건이 아니라 전에도 있던 패턴으로 만들 수도 있다. 호텔 프런트 데스크 부분에서 스토리를 시작해 자극적인 부분으로 돌아갈 수도 있다. 어떻게 스토리를 말하건 스토리 속의 변화를 알면 '이 스토리의 주제는 무엇인가?'에 대한 답을 찾을 수 있을 것이다.

무엇에 대한 스토리인가?

———— 몽유병에 대한 스토리는 확실히 아니다. 스토리에서 일어난 어떤 일에 대한 것도 아니다. 겉으로 드러난 일은 스토리 속의 사건일 뿐이다. 스토리는 인간의 행동, 가치관, 교훈에 관한 것이다. 내게 이 스토리의 주제는 '위험에 노출된 느낌'이다. 신체적인 느낌 그 이상으로 말이다. 자아 발견을 위한 6주간의 휴가를 떠났는데 첫날밤 첫 결정을 내린 직후 발가벗은 채 무방비 상태가 되었다. 그렇다면 내게는 이 스토리의 주제가 야외에서 발가벗게 된 우스꽝스러운 기분 그 이상으로 발전하게 된다. 인간에 대한 근본적인 진실을 메시지로 던진다. 세상 사람 모두 위험에 노출된 채 홀로 살아가며, 혼자가 되었든 친구나 낯선 이의 도움을 받든 이를 견뎌낼 방법을 찾아야 한다는 주제가 될 수도 있다.

혹은 다른 주제가 있을 수도 있다.

스토리의 주제는 '감당하지 못할 일을 하지 말자'일 수도 있다. 나는 안전한 선진국에서 살며 안전함과 편안함을 당연하게 생각했다.

하지만 제3세계로 모험을 떠나며 우연찮게 세상은 안전하지 않다는 무의식적인 '깨달음'을 얻었을 수도 있다. 내가 겪지 못한, 위험이 도사릴지도 모르는 세계에서 생존하기 위해서는 '스스로를 지켜야' 한다는 깨달음일지도 모른다.

혹은 또 다른 주제가 있을 수도 있다.

스토리의 주제는 새로운 경험에 '노출되기' 전까지는 자기 자신이 누군지 모른다는 것일 수도 있다.

어쩌면 이보다 더 많은 메시지를 얻을 수도 있다. 내가 만든 스토리를 더욱 깊이 이해할수록 스토리텔링은 훨씬 더 풍성해질 것이다. 그러니 지금부터 '그날 이후'에서 거꾸로 스토리를 만들어가며 줄거리 구성을 확립한 뒤 스토리에 감춰진 훨씬 더 깊은 의미를 탐구해 보자.

스토리에서 무슨 일이 일어나는가?

──────── 휴가를 가거나 전에 해본 적 없는 활동을 하는 등 '익숙한 범위'에서 벗어났을 때 나 자신이 '새로운' 것을 바짝 의식하는 게 느껴진다. 무언가를 의식하고 경계하는 느낌은 매일 지나가는 출근길, 점심때 자주 가는 근처 멕시코 식당, 아침에 침대를 정리하는 등 내가 무시하고 있었을지도 모르는 '매일' 반복되는 일상과 대비된다.

반복되는 일상이 깨졌을 때 모든 게 새로워 보인다. 최소한 내가 새롭다고 느끼게 되고 스토리 아이디어가 쌓이기 시작한다. 공항 매표소에서 있었던 언쟁은 스토리가 될 수 있을까? 아니면 같은 날 비행기 안에서 아픈 아이를 도와줬던 일화도 더 큰 '여행' 스토리의 일부가 될까?

스토리의 경계(처음과 끝)를 정하는 일이 어려울 수도 있다. 그럴 땐 가장 짧고 간단한 줄거리를 찾아보라고 추천하고 싶다. 호텔 방까지 올라가는 엘리베이터 속 상황만으로 스토리를 만들 수 있을까? 첫 데이트 때 음식점에 앉아 주문할 때까지 짧은 순간만으로 스토리를 만들 수 있을까?

시간과 사건을 간단한 줄거리로 축약하면 이런 종류의 스토리텔링에서 자유로워질 수 있다. 스토리를 만들 때 일어난 사건에 종속되지 않고 심리적 상황, 사람 간의 대화, 상황과 문맥으로 인한 깨달음 등 여러 스토리를 만들 수 있는 가능성에 눈뜨게 된다.

혹은 다른 방법도 있다.

스토리가 일어난 사건에 종속됐고 다양한 대화, 소통, 장소, 장면을 통해 사건이 일어났다면 이 사건을 가장 간단한 줄거리로 만들 수 있을까? 핵심 아이디어를 전하기 위해 최소한의 몇 개의 장면, 대화, 소통, 시간대 전환이 필요할까?

사건을 단순화할 수 있으면 사람들의 대다수를 끌어들일 수 있다. 스토리가 이리 뛰고 저리 뛴다면 안타깝게도 듣는 이의 이해도 같이 흩어진다.

책을 읽을 때 글자는 읽고 있지만 마음은 다른 데 가 있어서 결국 다시 읽어야 했던 적이 있는가? 비디오나 영화를 볼 때도 그런 적이 있는가? 눈으로는 보고 있지만 줄거리를 놓친 경우 말이다.

이런 경험을 이해하고 염두에 둔다면, 집중력이 흩어져 마음이 다른 데로 가기 전에 주어진 스토리 반경 내에서 듣는 이들이 원하는 바를 충족해 주는 데 도움이 된다.

사람들은 짧은 스토리에 너무 복잡한 메시지를 담으려는 경향이 있다. 스토리에는 단순하지만 탄탄한 스토리라인, 줄거리, 콘셉트가 딱 하나만 있어야 한다. 중간에 갑자기 '하지만'이라고 하더니 다른 영역, 줄거리, 의미로 넘어가면 두 개의 스토리를 억지로 이으려고 하는 것이다.

두 개의 스토리를 이어줄 수 있는 시간과 공간이 있을까? 그럴 수도 있다! 두 스토리를 합쳐야 하는지 알아볼 수 있는 테스트가 있다. 두 스토리를 이어줄 더 큰 스토리나 메시지가 있는가? 아니면 서로 다른 두 이야기를 이어주는 변치 않는 무언가가 있는가?

- 두 스토리 모두 유학 중 일어났던 일이다.
- 두 스토리 모두 어떤 사람과 데이트할 때 생긴 일이다.
- 두 스토리 모두 투병 중에 일어난 일이다.

위의 예시에서 나오는 두 스토리를 이어줄 '더 큰 스토리'는 이렇다.

- 유학
- 내가 데이트한 사람과의 관계

• 투병 생활

이런 경우라면 좋다! 훨씬 더 크고 간단한 스토리를 발견했다면 두 스토리는 하나의 커다란 줄거리의 에피소드들이 될 수 있다. 더 큰 스토리가 없고 두 스토리가 독립된 에피소드로 처음, 중간, 끝, 각자만의 메시지나 교훈 등이 있다면 하나로 합치지 말아야 한다. 굳이 두 스토리를 하나로 합쳐서 스토리의 감동과 메시지, 감정 등을 희석할 필요가 있을까? 단 하나의 경험에서 독립적인 스토리 두 개가 나왔다면 더 멋진 일이 아닐까?

많은 이들에게는 삶의 전환점이 되는 결정적인 순간이 있다. 그런 시간이 현재의 '나를 만들었다'. 전환점들을 하나로 뭉치지 말고 각각의 비트나 에피소드로 나눈다면 더 나은 스토리를 만들 수 있을지도 모른다! 인생에서 복잡하고 중요했던 전환점의 실타래를 풀 수 있을지도 모른다. 한 경험에서 한 가지 이상의 교훈을 얻을 수도 있다. 어쩌면 각자만의 교훈이 있는 독립적인 짧은 스토리가 여러 개 있을지도 모른다!

스토리에서 무슨 일이 일어나는가?

_____ 올해 큰아버지 밤이 돌아가셨다. 탄생, 졸업, 결혼 등 살면서 일어나는 일들이 그렇듯 친척의 죽음은 죽은 이를 생각하게 하고, 그 사람이 우리 삶에 준 영향을 돌아보게 만든다. 장례식에서 돌아온 뒤 큰아버지를 기리고 작별 인사를 하기 위해 다들 묘지에

모였다. 그때 큰아버지의 스토리를 듣게 되었다. 큰아버지의 어린 시절, 청소년기, 군 복무 시절, 성인이 된 후의 삶에 대한 스토리들이었다.

추모식에 참석한 많은 이들이 큰아버지 밥의 삶에 대해 잘 모르고 있었다. 어릴 때는 불량배들과 몰려다녔고 커서는 아마추어 복서였다. 큰아버지는 아이들뿐만 아니라 기르던 개도 많이 사랑했기에 개의 유골도 큰아버지와 같이 묻었다.

장례식과 추도문은 스토리로 죽은 이의 삶을 한데 엮는 역할을 한다. 스토리를 공유하는 모두가 짜낸 이야기의 실로 그의 인생을 엮어낸다.

큰아버지 밥의 장례식에서 또 무슨 일이 있었는지 아는가? 아무도 큰아버지의 부인에 대해 언급하지 않았고 유골을 묘지에 묻을 때도 초대하지 않았다.(큰아버지는 몇 주 전에 죽어 장례식 없이 화장했고 유골을 묻는 자리에 다들 모였었다.) 아무도 그녀에 대해, 그녀의 삶이나 관계, 그녀가 큰아버지에게 끼친 영향 등에 대해 어느 것도 언급하지 않았다. 모든 과정에서 그녀에 대한 언급이 빠졌다. 그녀가 그 장소에 있던 거의 모든 이들을 배척했기 때문이다. 밥을 아버지로서, 형제로서, 큰아버지로서, 친척으로서 사랑하던 거의 모든 사람을 말이다.

큰아버지의 장례식을 스토리로 만든다면 큰아버지 부인에 대한 디테일에 끌릴 것이다. 언급하지 않는 요소, 아킬레스건, 묻힌 비밀에 대해서 말이다. 스토리는 당연히 큰아버지 밥에 대한 얘기겠지만 내게는 우리가 살면서 쌓아온 복잡한 관계에 대한 스토리가 된다. 우리가 사랑하는 사람들과 우리를 싫어하는 사람들, 우리를 배척하려 하지만 우리가 다른 누군가를 사랑하게 막지는 못한 사람들에 대한 스토리가 된다.

모든 스토리는 궁극적으로 하나의 감정, 메시지, 혹은 깨달음으로 귀결돼야 한다.

그 깨달음은 사람들이 스토리에서 얻을 수 있는 교훈의 근간이 된다. 스토리텔링은 '재밌는' 스토리를 말하거나 스토리텔러에 대해 더 많은 사실을 알려주는 게 목적이 아니다. 그런 건 너무 지루하고 재미없다! 스토리텔러의 인생 경험에 사람들이 공감할 수 있을 때 가장 재밌는 스토리가 탄생한다. 나는 듣는 입장에서 스토리텔러의 가장 재밌는 스토리를 듣고 이렇게 생각하고 싶다.

'맞아, 무슨 뜻인지 알겠어. 나도 사람이라 스토리텔러가 나와 다른 면이 있어도 같은 사람이란 걸 알아. 그리고 스토리텔러라는 사람과 스토리텔러가 경험한 선택, 상황, 관계를 이해할 수 있어.'

사람들을 만나 스토리를 듣다 보면, 자신은 남들과 다르고 재밌는 사람이기 때문에 이를 스토리로 말할 가치가 있다고 생각하는 경우를 너무 자주 본다. 그런 사람들의 스토리를 들을수록 기본적인 요소와 원칙으로 돌아오게 된다. 그 사람에게 공감하거나, 반대로 단절됐다고 느끼게 되는 건 결국 스토리 때문이다.

스토리에 나오는 인생 경험이 나에겐 낯설지만 감정, 메시지, 혹은 깨달음과 같은 인간적인 요소에 여전히 공감할 수 있다면, 스토리텔러에게 느낄 수 있는 가장 좋은 감정은 사랑이다. 이성으로 사랑한다는 게 아니라 스토리와 사랑에 빠진다는 뜻이다. 그런 스토리는 스토리를 듣기 전보다 나를 더욱 '나 자신'처럼 느끼게 해주기 때문이다.

이럴 때 스토리텔링은 듣는 이에게 선물이 된다. 스토리는 스토리텔러에 대한 것이 아니다. 스토리를 듣는 이들에 대한 것이다. 듣는 이에게 스토리텔링이라는 선물을 줄 때 비로소 스토리텔러는 임무를 완수하게 된다.

줄거리가 주제를 뒷받침하는가?

──────── 최근 내가 가르치는 클래스에서 제프 핸슨은 열네 살 때 할머니 차로 사고를 친 스토리를 말했다. 내용은 웃겼고 공감할 수 있는 범위 내에 있었다. 조부모님 집에 모인 학교 친구들은 맥주를 마시고 싶었다. 할아버지의 맥주는 건드리기 무서워서 할머니 차를 타고 편의점에 가서 맥주를 사기로 했다. 차를 운전하기에도, 맥주를 사기에도 나이가 어렸지만 신분증 확인을 하지 않는 곳이 있다고 들었다. 일행 중 한 명이 아직 면허는 없었지만 운전 교습은 마친 상태였다.

이 모험의 첫 부분은 성공했다. 편의점에 도착해서 맥주를 사고 신나게 집으로 돌아갔다. 하지만 뒷부분은 실패하고 말았다.

집에 도착했을 때 너무 신이 난 나머지 주차장 옆 전신주에 차를 박아버렸다.

일행이 도망가고 나서 제프는 혼자 남아 조부모님에게 무슨 일이 있었는지 거짓말을 했다. 조부모님이 제프의 눈을 깊이 들여다보며 물었다.

"정말 그런 일이 있었니?"

제프는 그렇다고 또다시 거짓말을 했다. 할아버지는 죄책감이 서린 손자에게 말했다.

"네가 그렇다면야 당연히 믿어야지."

이 스토리의 결말은 한참 시간이 지난 후의 경험으로 끝난다. 제프의 딸이 술을 마신 뒤 차 사고를 내고 거짓말을 했는데 제프는 그 말의 일부가, 혹은 절반이 거짓말이라는 사실을 알고 있었다. 제프는 조부모님이 자신에게 준 사랑이 생각났다.

"네가 그렇다면야 당연히 믿어야지."

이 스토리의 줄거리는 매우 단순하다. 아이들이 두 가지 어리석은 결정을 했는데 하나는 성공하고(술을 산다) 다른 하나는 실패(차 사고를 냈다)했다. 하지만 두 일화 모두 스토리의 주제는 아니다. 스토리의 주제는 믿음, 사랑, 친구 관계, 위험, 혹은 그 이상이다.

물러나 보기, 들어가 보기

스토리를 만들 때 도입부는 사건으로 시작하지만 본격적인 스토리로 들어갈 때는 두 가지 방향에서 봐야 한다. 한 발짝 물러나 보거나 반대로 더 깊이 들어가서 봐야 한다.

물러나 보기

———— 스토리를 듣거나 만들 때 나는 습관적으로 캐릭터가 큰 결정을 내리는 순간, 위기의 순간, 혹은 행동을 취하거나, 말을 하거나, 결정을 내리기 전에 상황을 되돌아보는 순간을 찾는다.

나는 한 발짝 뒤로 '물러나 보며' 이런 순간을 찾는다. '물러나 보기'는 스토리를 앞이나 뒤로 진행하지 않고 스토리 밖으로 나가는 행위를 말한다. 그 순간이나 그 순간의 사건에서 한 발짝 뒤로 물러나 서술자의 시점으로 보는 것이다. 관점을 가지고 스토리를 바라보며 이런 질문들을 한다. 여기서 무슨 일이 벌어지는가? 내가 무엇을 하고 있는가? 상황 밖에서 보면 어떤 느낌인가? 다른 사람의 일이었다면 어떻게 조언하거나, 생각하거나, 도와주거나, 막거나, 경고하겠는가?

'물러나 본다'고 해도 당시 상황을 막지는 못한다. 제프가 할머니의 차를 몰고 나가기 전에 상황 밖으로 한 발짝 '물러나 봤다'면 아무런 말썽도 일어나지 않았을 것이다. 재미도 없었을 테고 이런 스토리가 나오지도 않았다. 제프는 이 스토리에서 몇 번이고 '물러나서' 스토리텔링에 다른 영향을 줄 수도 있다.

- 차를 몰고 나가기 전: 제프가 '물러나 보며' 모두가 생각하는 관점에서 이렇게 말할 것이다.

"잠깐, 할아버지 맥주는 건드리기 무서워하면서 할머니 차는 훔쳐 몰고 나간다고? 미성년이라 맥주를 다시 채워 넣을 순 없으니 마셨다고 솔직히 말해야겠죠. 하지만 차가 있으면 들키지 않고 맥주를 사서 마실 수 있을 거예요."

• 사고가 나기 전:
"주차장으로 들어서면서 경기 종료 직전 공을 잡아낸 미식축구 선수 같은 승리감에 도취돼 있었어요. 앞마당 잔디에서 방방 뛰며 하이파이브를 해대는 친구들한테 영웅이 됐죠. 저도 골 세리머니를 하듯 춤을 췄고 맥주병을 축구공처럼 흔들어댔어요. 모든 장애물을 뛰어넘고 마침내 집에 도착했어요. 하지만 마지막 장애물이 하나 남아 있었죠."

화면을 일시 정지하듯 스토리 진행을 멈추고, 이 순간의 경험에서 느낀 고양감을 묘사함으로써 은근슬쩍 사람들을 방심하게 하면 전신주를 들이받은 순간 놀라게 할 수도 있다.

• 사실을 고백하기 전:
"할머니와 할아버지께서 집에 돌아오셨을 때는 아직 제가 차 사고를 냈다는 사실을 모르고 계셨어요. 저는 얼굴이 빨개져 있었고 눈도 촉촉해졌어요. '착한 가톨릭 신자'처럼 내 죄를 고백할까요? 지금이라면 나 자신에게 뭐라고 했을까요? '솔직히 말해. 두 분은 너를 사랑하고 믿어주시잖아. 그 사랑과 믿음을 저버리지 마. 용서해 주실 거야.'라고 말했겠죠. 아니면 '브라이언을 탓해. 다들 안 좋아했잖아. 전부 걔 생각이라고 말하고 막지 못해 죄송하다고 해. 책임지고 수리비도 갚겠다고 해.'라고 했을 거예요. 하지만 결국 전 거짓말을 했죠."

이 부분에서 뒤로 물러나 스토리를 보니 여러 가지 주장이 나왔다. 나쁜 일을 종용할 수도 있고 다른 결과를 상상할 수도 있다. 우리 모두가 하는 생각이다. 이 지점에서 이렇게 뒤로 물러나 보며 최종적으로 무슨 선택을 했는지 궁금하게 만든다.

내가 '물러나 보는' 또 다른 방법은 다른 사람 입장에 서보는 것이다. 노먼의 아파트로 돌아가 정리를 할 때 듣는 이들은 내가 '비밀'을 발견하기 직전이란 사실을 기억할 것이다. 비밀을 밝히기보다는 상황 밖으로 '물러나' 그 순간을 늘리며 노먼의 입장에 서봤다.

"어쨌든 노먼의 아파트에 저 혼자 들어와 있는데, 그러니까 막 문 열고 들어가서 아파트를 정리하고 있었는데 기분이 참 이상하더라고요. 그 왜 있잖아요, 제가…. 지금 앉아 있는 분 중 이런 경험을 해본 분이 있나 모르겠네요. 전 처음이었거든요. 가서 물건을 정리하면서 뭘 버리고 뭘 간직할지 생각하고 있는데 저는 막 '혹시 숨겨둔 게 있나?' 이런 생각이 들잖아요."

"물론 슬픈 상황이었지만 동시에 막, 혼자서 다른 사람의 물건을 정리하면서 '만약 이 집이 내 집이라면 어땠을까'하는 생각이 드는 거예요. 막, 내가 세상을 떠나고 나면 사람들이 내 물건들과 스노우 글로브 400개, 상자 가득 들어 있는 사진들, 냉동실에 있는 작은 해시 브라운 봉투를 보고 무슨 이상한 말들을 지어낼까 싶었던 거죠. 잡동사니처럼 한데 뒤섞여 있는 모양을 보면 '이건 중요해 보이네.'라고 생각하겠지만, 하나도 중요하지 않았어요."

들어가 보기

———— '물러나 보기'가 스토리텔러를 서술 밖의 관점에서 보게 한다면, 정반대로 그 순간의 내적 감성의 중심으로 깊이 '들어가 보는' 것 또한 탐구할 가치가 있을 것이다.

내 클래스를 듣던 사라는 과거 연상의 남자와의 관계를 스토리로 만들었다. 관계의 시작은 이상적이었다. 사라의 말을 빌면 '첫눈에 반했다'고 했다. 스토리가 진행되며 남자의 어두운 면이 드러났다. 남자는 사라의 돈도, 자신감도, 자기 존중감도 빼앗았고 심지어 신체적 안전조차 위협했다. 사라가 이 사실을 어머니께 밝히자 어머니는 이렇게 말씀하셨다.

"집으로 오는 다음 편 비행기 표를 사줄 테니 당장 공항으로 가렴."

사라는 이어서 자신이 잃은 모든 것의 상대적인 가치와 가족과 우정의 진정한 가치에 대해 말했다.

구조를 따졌을 때 이 스토리의 구조는 점점 아래로 내려간다. 상황이 점점 더 나빠지고 거기서 더 나빠진다.

여러 나쁜 사건들의 연속이 스토리의 핵심이라면 이런 조언을 해주고 싶다. 나쁜 사건들의 목록을 나열하는 대신 스토리의 중심으로 '들어가' 보자. 감정적으로 얼마나 힘들었는지 서술함으로써 그 모든 나쁜 사건들을 열거해서 얻고자 하는 효과를 단번에 얻을 수 있다.

"이 관계를 시작할 때 저는 희망에 차 있었고, 순진했고, 긍정적이었고, 사랑에 빠져 있었어요. 로맨스와 안정감, 평생을 같이할 반려를 꿈꿨어요. 그가 제게 다시 투자하리라는 생각에 제 은행 계좌 정보, 비밀번호, 연금 계좌 정보를 전부 넘겨줬어요. 저는 그를 전적으로 신뢰하고 결혼한다는 말도 믿었어요. 제가 원한다면 똑같이 해주리라 믿었죠. 그 사람 외에는 그렇게 누군가를 믿고, 존중하고, 사랑해본 적이 없었어요."

위에서는 스토리의 포인트를 시사하지만 (민감한 정보나 청혼 등) 모든 장면을 스토리에 넣지 않았다. 대신 캐릭터가 생각하는 이상적인 관계를 묘사했다.

그러고 나면 바로 본론으로 들어간다.

"관계가 끝나가는지도 몰랐어요. 터널의 끝에 있는 빛만 보기 바빴거든요. 홀로 울면서 무너진 상태로 엄마에게 전화했을 때는 이미 너무 늦었죠. 그는 제 돈뿐만 아니라 연금 계좌와 제 정체성까지 뺏어갔어요. 감정을 느끼고, 사랑을 나누고, 사람을 믿던 소녀에게 후회만 가득하게 만들었죠. 그 도시에서, 그 남자의 인생에서 떠날 수 있는 비행기에 올라탔을 때, 그 도시에 처음 들어선 이후 느껴보지 못한 감정을 느꼈어요. 희망, 자유, 해방, 안전함이었죠."

'들어가 보기'는 무거운 주제에만 쓰는 전략이 아니다. 훨씬 가벼운 스토리에서도 효과적이다. 엉뚱한 행동으로 가득한 모험 스토리를 말할 때도 어째서 그런 일을 했는지 내면으로 '들어가' 보면 훨씬 더 즐거운 스토리가 된다. 비록 제프의 차 사고 스토리의 결말이 책임과 솔직함에 대해 생각하게 만들지만, 어린아이의 논리로 보는 즐겁고 웃기는 장면들도 많이 있다. 이러한 순간에 '들어가' 보면 어린아이의 불안한 마음과 소망을 엿볼 수 있다.

그러니 관점을 가지고 스토리에서 한 발짝 '물러나' 보든, 감정 이입을 위해 깊이 '들어가' 보든, 이 두 가지 방식을 사용해 스토리텔링을 잠시 멈추고 듣는 이에게 감상할 기회를 준 뒤 서술을 계속 진행해 보자.

시간에 따라 스토리가 어떻게 변화하는가?

———————— 시기적절한 스토리와 세월이 흘러도 변치 않는 스토리의 차이는 무엇일까? 시간이다! 스토리텔링을 배우기 시작하면 주변이 스토리로 가득 차 있다는 사실이 보이기 시작한다. 오늘 있었던 일에 대한 스토리, 저녁 식사 데이트에 대한 스토리, 아이를 재우는 스토리 등 정말 많다.

시기적절한 스토리는 우리가 살아가는 삶을 표현한다. 최근 겪은 일인 만큼 상황을 인지해 일기처럼 굉장히 정확하고 세세하게 표현할 수 있다.

하지만 그 스토리를 묵혀뒀다가 한 달, 일 년, 혹은 그 이후에 되돌아보면 스토리 안에서 다른 무언가가 보일 것이다. 시간이 지나며 스토리의 '그날 이후'가 다른 모습이 될 수도 있다. 자신도, 상황도 변했기 때문이다.

나이와 경험, 지혜가 쌓이면서 내 스토리들을 변화무쌍하고 다이내믹한 에피소드로 보게 된다. 가끔은 처음 스토리를 만든 모양새가 가장 나을 때도 있다. 하지만 스토리를 다시 점검해 보면 가끔은 스토리를 수정할 만한 깨달음을 얻기도 한다.

어린 시절 경험이나 드라마틱한 경험 등 기억을 바탕으로 만든 스토리들은 처음 만들었을 때와 비교했을 때 그리 변하지 않는다. 이런 스토리들은 그 시간에 머물러 있는 느낌이 든다.

하지만 지금 일어난 일들이나 최근 겪어 좀 더 큰 관점에서 보지 못하는 경험들은 나중에 다시 보면 더 나은 관점에서 볼 수 있다.

스토리를 나중에 다시 보는 이유는 상황의 변화로 인해 스토리를 다르게 받아들일 수 있기 때문이다. 대학생 때 밤새워 놀러 다닌 스토리가 있다고 하자. 술에 취해 멍청한 짓을 하며 놀러 다녔을 것이다. 파티에서 이 스토리를 말하면 아주 잘 먹힐 것이다. 하지만 명절 때 집에 와서 학교생활이 어떠냐고 물어보는 할머니한테는 같은 스토리라도 조금 다르게 말할 것이다.

우리 모두 다양한 인생 경험이 있다. 그리고 다양한 사람이 있는 곳에서 말하기는 부끄럽거나, 당황스럽거나, 부적절한 사건과 일화도 어느 정도는 있다. '그 스토리를 들으면 엄마가 까무러치실걸?' 하는 스토리도 있을 거고. 좋은 스토리를 말하려고 가족들과 친구들을 소외시키라는 말이 아니다. 하지만 인생에 있었던 순간들이나 왜 그랬는지 모를 결정, 만남이 있었는지는 생각해 볼 만하다. 나중에 다시 자세히 보면 그 경험에서 배울 교훈이 있을지도 모른다.

바꿔 말하면 스토리 소재를 캘 노다지가 코앞에 있을지도 모른다는 소리다. 지금의 나를 만들어준 기억과 경험들이 최고의 스토리를 만들 수 있는 원석이 될 수도 있다. 그저 관점을 가지고 다듬고 손보면 된다.

이런 스토리가 잘 먹히는 이유는 약점이 있기 때문이다. 자신의 공포, 걱정, 부끄러운 기억 등을 보여줄 때 사람들은 공감한다.

최근 〈모스 쇼〉에서 이를 직접 경험했다. 그날 밤 쇼의 테마는 '정체성'이었다. 자주 그렇듯 스토리텔러가 되고 싶은 사람들이 자기만의 스토리를 준비하고 제비뽑기에 자기 이름을 넣었다. 하지만 한 사람은 쇼의 테마를 보고는 스토리 하나가 생각나서 그냥 자기 이름을 제비뽑기에 넣었다.

이름이 뽑히자 머리가 희끗희끗하고 수염이 덥수룩한 50대 중반의 남성이 무대로 올라왔다. 그의 얼굴은 살짝 상기되어 있었다.

"제가 뽑혔다니 믿기지 않네요."

남자는 중얼거리듯 말하더니 설명을 시작했다.

"저는 한 번도 이 얘기를 해본 적이 없어요. 아주 오래전에 있었던 일이죠. 이 쇼에는 제 딸 두 명과 딸들의 남자 친구, 그리고 그의 어머니가 같이 왔습니다!"

관객들은 전부 목을 쭉 빼고 가운뎃줄에 앉아 있는 그 사람의 가족들과 친구들을 봤다. 딸들은 가뜩이나 부끄럼이 많은 10대 후반이었는데 남자 친구와 가족들도 같이 있었다. 무대는 이미 마련되었다. 이미 스토리에 걸려 있는 게 너무 많았다. 대체 '한 번도 말하지 않은' 스토리가 무엇일까?

내 기대치도 한껏 높아졌고 과연 실망하지 않았다. 그 사람은 대학생 때 대학생용 여행 책자를 써본 경험이 있었다. 많은 학생이 투

스카니나 낭만적인 그리스 섬을 골랐지만 이 사람은 무려 캘리포니아의 데스밸리를 골랐다. 그것도 한여름에 말이다. 음식점, 모텔, 관광 명소를 들르고 나서 지루해진 남자는 도시 끝자락에 있는 사창가에 들르기로 했다.

이런 디테일을 밝히자 객석에 있는 두 딸들이 위축되는 모습이 보였다. 아이들의 아버지는 상관 않고 계속 스토리를 말했고 아주 기품 있고 능숙한 모습이었다. 젊은 시절 치기로 성적 판타지를 채우는 스토리가 아니었다. 이 스토리는 부끄러운 일에 대한 고백이었고 이를 말하는 스토리텔러 역시 똑같이 부끄러움을 느끼고 있었다. 민감한 주제였지만 이 스토리텔러는 앞으로 무슨 일이 벌어질지 관객들을 계속 궁금하게 만들었다.

문을 열고 창부가 있는 침실로 들어갔을 때 젊은 여자가 그 남자를 알아봤다. 두 사람은 고등학교 동창이었던 것이다! 남자는 자신이 살던 세상을 잠시 일탈하고자 했지만, 오히려 그가 두려워하던 곳의 심부에 얼굴부터 처박히고 말았다. 이후 남자는 의대로 진학해 '철이 든' 사람이 되었다. 하지만 그의 화려한 과거는 여전히 가슴속에 남아 있다. 우리에겐 모두 비밀이 있고 나와 가까운 사람에게도 어떤 비밀이 숨겨져 있을지 모른다.

재밌게도 이 스토리가 끝난 후 객석의 한 여성이 남자를 알아봤다. 두 사람은 같은 시기에 같은 출판사에서 일한 적이 있었다. 내게는 이 사례가 시간의 흐름에 따라 스토리를 멋들어지고 재치 있게 바꾼 경우로 남았다.

연습 **'물러나 보기와 들어가 보기'**

만드는 중인 스토리로 '물러나 보기'와 '들어가 보기'를 해보자.

스토리 요약 – 스토리의 주제는 무엇인가?

_____

_____

_____

_____

_____

_____

물러나 보기 – 이 상황에서 무슨 일이 일어나고 있는가? 이 사건을 돌이켜보면서 어떤 관

점을 적용할 수 있을까? 아니면 그 순간 경험한 어떤 생각, 결정, 반대되는 생각이 당시 결

정에 영향을 주었는가?

_____

_____

_____

_____

_____

_____

_____

들어가 보기 - 스토리의 어떤 부분을 멈추고 그 당시 느꼈던 감정으로 깊이 들어가 볼 수

있는가? 어디서 사건의 진행을 멈추고 그 당시 자신이 어떤 사람이었는지, 상황에 어떻게

반응했는지, 흥미나 궁금증을 유발하거나, 결국 어떻게 반응 혹은 행동했는지 이해하도록

설명할 수 있을까?

이 스토리의 주제는 무엇인가? '물러나 보기'와 '들어가 보기'를 통해 스토리가 들려주는

더 큰 주제/테마/메시지는 무엇인가?

_____

_____

_____

_____

_____

_____

_____

_____

_____

_____

_____

_____

_____

_____

_____

_____

_____

9장

스토리 기억하기

이번 장은 스토리텔링 기법과 기억 연습법을 다루도록 하겠다. 내가 오랜 시간에 걸쳐 갈고닦은 이 기술은 웅변술의 역사를 연구하여 더욱 개발하였으며, 스토리텔러에게 스토리를 말할 수 있는 자신감을 주고, 상대와 지금 '이 순간'의 경험을 공감시킬 자유를 준다.

스토리텔러를 위한 기억법

고대 로마, 중세, 르네상스 시대에 웅변가들이 공부한 책은 수사학, 즉《대중 연설의 기술(Rhetorica ad Herennium)》이었다. 정치계에서 대중으로 웅변 기술을 옮겨온 이 책은 현대까지 살아남았고 여러 가지 흥미로운 요소가 있다. 그중에 최초의 연상암기법도 있다.

나는 이 기억법을 바탕으로 한 기술을 스토리텔링 공연에 쓰고 있다. 이 전략은 자기 스토리를 잘 안다는 전제하에서 시작된다. 경험해 봤고, 스토리로 만들어봤으며, 사람들 앞에서 스토리의 디테일한 내용을 바로바로 말할 수 있다는 전제가 필요하다. 이미 알고 있는 스토리 내용에 연상암기법을 적용하면 스토리의 순서를 원하는 대로 효과적으로 기억할 수 있다.

이런 종류의 암기법은 문자보다 이미지를 더 쉽게 기억하는 인간의 기본적인 능력에 의존한다. 스토리텔링 쇼에서 자기 차례를 기다리며 서너 장 정도 프린트해 온 스토리를 열심히 머릿속에 '욱여넣는' 사람을 많이 봤다. 마치 시험 보기 직전에 정리 노트를 보듯 말이다. 이런 사람들은 스토리를 글로 써놓고 외운 뒤 무대에 오른 뒤 자신의 언변과 문학적 재능을 뽐내려 한다.

이런 방식의 스토리텔링에는 어떤 문제가 있을까? 사람들 눈에는 뻔히 보인다. 누가 스토리를 '말하고' 누가 스토리를 '외웠는지' 다 보인다. 나는 어차피 그럴 거면 차라리 글을 그대로 읽는 편을 선호한다. 그러면 글도 제대로 보여줄 수 있고 의도한 대로 단어를 선택할 수 있을 테니까. 나도 책을 좋아하고 작가 행사에서 작가가 직접 자기 작품을 읽어주는 것도 좋아한다. 작가의 필력을 느끼고 글의 구성을 음미할 수 있어서 좋다.

이런 경우 작가가 스토리, 디테일, 대사들을 달리 말하리라 기대하지 않는다. 그저 작가로서의 '목소리'로 읽으리라 기대한다.

스토리텔링은 친구와 하는 대화처럼 격식에서도 좀 더 자유롭고, 미사여구도 적고, 대본을 읽는 듯 들리지 않는다. 보통 스토리텔러의 목소리는 자신의 또 다른 모습이다. 스토리텔링할 때의 목소리는 살아왔고, 경험했고, 기억하는 그 순간을 드러낸다.

그런 목소리를 연습하고, 리허설도 해보고, 대본으로 만들 수 있을까? 물론이다! 줄거리를 엮어 단어 하나하나, 문장 하나하나에 관객이 이입하게 해주는 스토리텔러도 좋아한다. 그 에너지로 만족스러운 결말까지 경험하게 해주면 금상첨화다.

하지만…

스토리텔링이 스토리를 '말하는' 게 아니면 연기 대사처럼 들린다. 스토리도 실제 있던 일이라는 느낌이 들지 않는다. 리허설을 너무 많이 하거나 너무 적게 하면 스토리텔링 자체가 오히려 스토리에 해를 끼친다. 스토리텔링과 느낌이 다른 독백극처럼 된다. 마치 무대에서 책을 읽어주거나 혹은 연극을 보는 느낌이 든다. 듣는 이들은 스토리텔러와 유대감을 느끼지 못한다.

아래는 기계적인 암기법을 대체할 수사학에 기초한 기억법이다. 이를 통해 스토리텔링의 즉흥성과 자연스러움을 잃지 않을 수 있다.

- 스토리를 비트로 쪼갠다.
- 비트를 후크에 연결한다.
- 연결된 시각적 기억을 떠올리며 물 흐르듯 자연스럽게 스토리를 기억한다.

비트

────── 비트란 스토리가 진행되고 그다음 무슨 일이 일어날지 관객이 궁금해하는 순간을 의미한다. 스토리의 비트를 구분하는 법은 여러 가지이다. 장면, 순서, 혹은 스토리텔링 때의 특정 디테일이 될 수도 있다. 짧은 스토리는 아래처럼 비트를 쪼갤 수도 있다.

(옛날 옛적에) 잭과 질은

(그리고 매일) 언덕에 올라갔다.

(그러던 어느 날) 물을 기르다가

(그로 인해) 잭이 굴러서

(그로 인해) 이빨이 부러졌다.

(그리고 마침내) 질도 같이 굴렀다.

사촌 노먼 스토리처럼 좀 더 긴 스토리는 스토리텔링에서 지금 무엇이, 이후에는 어떤 일이 일어날지에 따라 비트를 좀 더 무작위로 쪼갤 수 있다. 사촌 노먼 스토리의 비트를 이렇게 나눠보았다.

* 노먼의 죽음

* 뒷정리를 하려 함

* 비밀을 발견함

* 노먼을 설명

* 영화 〈세븐〉

* 저렴한 여행 습관

* 〈항문적 독백〉

* 생일 파티

* 노먼의 아파트 청소

* 유서

두 예시는 스토리의 비트를 복잡하지 않고 간결하게 정리했다. 첫 번째(잭과 질)는 아직 상상할 부분이 많지만, 비트가 스토리 포인트와 같다. 두 번째(노먼)는 비트가 장면의 모음이라 스토리텔러가 줄거리를 잊지 않고 중요 정보를 전할 수 있다.

비트와 후크 연결하기

──── 스토리의 비트를 기억하기 위해 두 가지 독립된 '저장 방법'을 사용할 것이다. 저장 방법은 후크라고 하는데 머릿속에 스토리를 담을 저장고로, 스토리를 말할 때 빠르고 정확하게 비트를 기억해 내는 방법이다.

거의 모든 것이 후크가 될 수 있다. 예를 들어 사람의 몸에는 발, 무릎, 다리, 골반, 엉덩이 등 논리적 순서가 있다. 손도 마찬가지로 엄지부터 새끼손가락, 오른쪽 왼쪽이 있다. 집, 차, 사무실, 교실 등 여러 장소에도 확실하고 뚜렷한 순서가 있다면 기억을 저장할 수 있다.

자신에게 익숙하고 특징 있는 대상을 후크로 사용하는 게 중요하다. 자신의 몸, 자신의 교실, 집 등 확실하게 머릿속에 이미지를 떠올릴 수 있어야 연상암기법을 쓸 수 있다. 예를 들어 집을 후크로 삼는다면 순서를 머릿속에 그려보자. 정문 계단, 문고리, 현관 코트 걸이, 거실 화장실, 부엌 조리대 등 순서를 따라 특정 지형지물을 후크로 삼아야 한다.

후크

1. 발가락

2. 무릎

3. 엉덩이

4. 심장

5. 입

6. 머리

확실하고 생생하게 스토리의 순간을 기억해 낼 수 있도록 비트를 시각적 이미지로 바꾼다. 그 후 각 후크에 정확하게 하나의 비트만 연결할 것이다.

이미지

1. 잭과 질은 - 잭 해머를 상상

2. 언덕에 올라갔다. - 녹색 이끼가 잔뜩 낀 언덕을 상상

3. 물을 기르다가 - 물이 가득 찬 양동이를 상상

4. 잭이 넘어져서 - 나무가 넘어가는 걸 상상

5. 이빨이 부러졌다. - 깨진 이빨을 상상

6. 질도 같이 굴렀다. - 세탁기/건조기 속에서 구르고 있는 여자를 상상

둘을 연결

각각의 후크를 머릿속에 상상해 보자.

1. 발가락을 잭 해머로 찍는다.

2. 무릎에 녹색 이끼가 잔뜩 낀 언덕이 자라난다.

3. 얼음물이 가득 찬 양동이에 엉덩이를 넣는다.

4. 가슴 위로 통나무가 넘어진다.

5. 이빨이 부러져서 아프다.

6. 머릿속에서 여자가 구르고 있다.

쉽게 머릿속에 그려지도록 의도적으로 생생하고 잔인하거나 충격적인 이미지를 선택했다. (자기 발가락을 잭 해머로 찍는다고?) 선택한 이미지를 말도 안 되는 상황으로 묘사하면 훨씬 더 생생하게 기억할 수 있다. 잭 해머 같은 물건만 있다면 기억하지 못할 수도 있지만, 잭 해머로 발가락을 찍는 고통스러운 이미지는 떨치기 힘들고, 감정적이고, 특징적이라 기억하기 쉽다.

'잭 해머로 발가락을 찍는다니 너무 고통스러워! 잭! 그래, 그게 스토리의 첫 번째 비트였지!'

그다음에는 녹색 이끼가 잔뜩 낀 언덕이 무릎에서 솟아난다. 이렇게 순서대로 신체 부위를 따라 지나가다 보면 시각적이고 물리적인

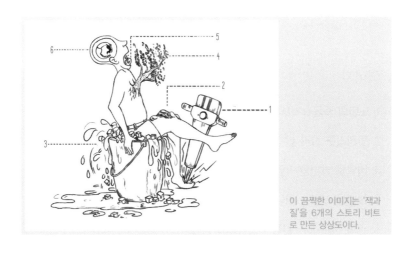

이 끔찍한 이미지는 '잭과 질'을 6개의 스토리 비트로 만든 상상도이다.

체크리스트를 통해 스토리를 기억해 낸다. 무대 위로 올라갈 때는 내 스토리를 마치 투명한 갑옷처럼 입는 모습을 상상한다. 아무도 볼 수도, 느낄 수도 없지만, 스토리가 내 몸에 붙어 있으니 쉽게 기억할 수 있다.

노먼 스토리의 경우 다른 저장고를 사용할 텐데 바로 양손의 손가락들이다. 이 스토리에 비트는 열 개고 손가락도 열 개라 딱 맞다.

후크

1. 오른손 엄지
2. 오른손 검지
3. 오른손 중지
4. 오른손 약지
5. 오른손 새끼손가락
6. 왼손 엄지

...

이미지

1. 노먼의 죽음 – 비석을 상상
2. 뒷정리를 하려 함 – 이삿짐 테이프를 상상
3. 비밀을 발견함 – 입에 지퍼를 닫는 상상
4. 노먼을 설명 – 커다란 코를 상상
5. 영화 〈세븐〉 – 검정 선글라스를 상상

6. 저렴한 여행 습관 – 동전을 상상

7. 〈항문적 독백〉 – 엉덩이를 상상

8. 생일 파티 – 생일 촛불을 상상

9. 노먼의 아파트 청소 – 빗자루를 상상

10. 유서 – 오래된 양피지 두루마리를 상상

둘을 연결

각각의 후크를 머릿속에 상상해 보자.

1. 비석이 오른손 엄지에 튀어나와 있다.

2. 오른손 검지에 이삿짐 테이프가 감겨 있다.

3. 오른손 중지에 지퍼가 달려 있다.

4. 오른손 약지에 커다란 코가 자라나 있다.

5. 오른손 새끼손가락에 검정 선글라스가 씌워져 있다.

6. 왼손 새끼손가락 위에 동전이 돌아간다.

7. 왼손 약지에 엉덩이가 자라나 있다.

8. 왼손 중지에 꽂혀 있는 촛불에서 촛농이 떨어진다.

9. 왼손 검지에 빗자루가 튀어나와 있다.

10. 왼손 엄지에 양피지 두루마리가 튀어나와 있다.

조금 모호한 이미지들이지만 반복적으로 연습하면 열 개의 비트와 이미지들을 내 손가락에 연결할 수 있을 테고, 양손 가득 스토리를 쥐고 무대 위로 올라가게 된다. 마음속 눈으로 '보면' 엄지에 비석이 튀어나와 있고 스토리가 노먼의 죽음으로 시작된다는 사실을 기억하게 된다. 그리고 이사용 테이프는 다음 순서가 '노먼의 뒷정리'라고 알려준다.

'노먼' 스토리의 상상도.
스토리를 말할 때 내 마음
속에서만 보이는 이미지

스토리 말하기

시각적 기억을 연결해 물 흐르듯 자연스럽게 스토리를 기억해 보자. 말도 안 되는 소리 같지만 내가 실제로 스토리를 말하는 방식은 이렇다. (물리적으로, 마음속으로) 각각의 '후크'를 보고 비트를 기억한 뒤 의식을 상대방이나 당장 말해야 하는 스토리에 집중하는 식으로 왔다 갔다 한다. 스토리의 비트를 기억하고 말하면서 천천히 스토리 골조를 다음 '후크'에 '걸고' 그다음에 오는 부분을 생각해 낸다.

내 손을 후크로 사용했다면 손을 내려다보고 중지에 지퍼가 달린 모습을 상상한 뒤 후크에 걸린 스토리 비트로 스토리의 방향을 튼다.

"그리고 그때 노먼이 감춰왔던 비밀을 발견했어요."

이제 다음 손가락에 자라 있는 커다란 코를 본다.

"먼저 노먼에 대해 조금 말씀드릴게요."

손가락 하나하나, 후크 하나하나를 따라 스토리를 제대로 따라가 면 뭘 말해야 할지 '잊을' 걱정은 하지 않게 된다.

스토리 일부를 넣는 걸 '잊을' 수도 있을까? 내가 정말 좋아하는 대 사라거나 내가 주로 묘사하는 방식을 깜빡할 수도 있을까? 그럴 수 있다. 하지만 나는 그래도 괜찮다고 본다! 스토리의 중요한 부분과 내 스토리텔링 방식이 여전히 남아 있다면 성공한 거나 다름없다.

잊었던 부분을 기억해 내고 보니 놓치면 안 되는 비트였다면 후크 를 다시 만들어서 그 비트를 적절한 장소에 넣으면 된다. 그럼 다음 에는 잊지 않을 것이다.

물론 이 기억법은 스토리를 말하며 '묘사와 진행'을 하는 사용자 의 열린 마음과 능력에 전적으로 달려 있다! '진행'에 필요한 비트 라면 비트 사이에 필요한 만큼 묘사하면 된다. 자세하게, 예시와 일 화로, 감정으로 묘사하자. 그리고 비트의 상상도를 다시 펼쳐 진행하면 된다.

이 기억법은 〈더 모스〉처럼 시간이 정해진 쇼에서 또 다른 강점을 보인다. 〈더 모스〉에서 스토리텔링 제한시간은 6분이다. 5분이 되면 소리나 짧은 음악이 나오면서 슬슬 스토리를 마무리하라는 신호를 준다. 이런 종류의 스토리 상상도라면 이런 부분(주로 결말부)의 '묘사'를 제한해서 6분이 지났다는 음악이 나오기 전에 스토리를 마무리 지을 수 있다.

이 방법이 '어렵고' '불가능'해 보일지 모른다. 만약 시도해 보지 않았다면 내 말을 믿어도 좋다. 사람의 시각적 기억력은 생각보다 더 쓸 만하다. 이미지, 특히 생생하고, 특징적이고, 자세한 이미지는 단어, 문구, 묘사보다 훨씬 기억에 착 달라붙는다. 이 기억법을 사용하면 스토리가 어디에 있는지 어디로 가는지 항상 알게 될 것이다. 수천 년 전부터 사용한 기억법이니 말이다!

상상도를 만들어보자

방 주변에 있는 물건 열 개를 찾아 신체 부위와 연결해 보자.

1. 발가락 _____

2. 무릎 _____

3. 허벅지 _____

4. 엉덩이 _____

5. 골반 _____

6. 배 _____

7. 심장 _____

8. 턱 _____

9. 앞머리 _____

10. 정수리 _____

후크에 연결할 강렬한 시각적 이미지를 만들어 암기해 보자. 후크의 이미지를 보고 느껴라. 웃긴 이미지여도 좋다. 전체 상상도가 완성될 때까지 이미지를 하나하나 만들어보자.

그 후 하나하나 순서대로 기억해 보자.

좀 더 어렵게 하고 싶으면 시간을 맞춰놓자. 한 시간 혹은 하루 정도 시간이 지난 후 열 가지를 모두 기억하는지 확인해 보자!

연습 스토리의 상상도를 만들어보자

만들고 있는 혹은 완성한 스토리, 혹은 잘 알려진 스토리를 비트로 쪼개보자. 동화도 괜찮다. 이번 장에 나온 가이드라인을 참고해 스토리 상상도를 만들어보자.

후크

다음 신체 부위를 '후크'로 사용해 순서대로 스토리를 저장해 보자.

1. 발
2. 무릎
3. 허벅지
4. 엉덩이
5. 골반
6. 배
7. 심장
8. 입
9. 코
10. 정수리

필요하면 다른 신체 부위로 대체해도 좋다. 하지만 목록을 보지 않고도 순서를 기억할 수 있어야 한다.

비트

스토리를 열 개 미만의 비트로 나눠보자. 비트 하나는 한 마디에서 네 마디 정도로 간단하게 만들어 스토리가 어디로 가는지 기억할 수 있도록 하자. (예시: 상자, 피자, 룸메이트가 집에 돌아옴, 반품 주소 등등)

1. _____

2. _____

3. _____

4. _____

5. _____

6. _____

7. _____

8. _____

9. _____

10. _____

각 비트의 이미지를 순서대로 후크에 연결하자. 예를 들어 '골판지 상자에 찍힌 발', '무릎 피부에서 모차렐라 치즈와 페퍼로니가 흘러나온다' 등이 있다. 역겹고, 잔인하고, 말도 안 돼도 좋다. 이미지가 특징적이고, 시각적이고, 강렬할수록 기억하기 쉽다.

1. _____

2. _____

3. _____

4. _____

5. _____

6. _____

7. _____

8. _____

9. _____

10. _____

각각의 이미지를 후크와 순서대로 연결해 상상하자. 순서대로 이미지를 집중해 기억하고 몇 번 후크 목록을 따라 연습하며 필요하다면 각 이미지가 후크에 '착 붙도록' 수정도 해보자.

이제 자신이나 다른 사람에게 스토리를 말해보자. 스토리를 진행하면서 순서대로 나오는 각각의 이미지/후크에 집중하자. 들려줄 사람이 없다면 휴대폰이나 컴퓨터 같은 녹음기를 틀고 스토리를 말해보자.

10장

시작과 끝

스토리에서 가장 중요한 부분은 시작과 끝이다. 정말로. 두 비트만 잘 살리면 나머지는 식은 죽 먹기다.

쉬워 보이지 않나? 리허설과 스토리텔링에서 시작과 끝에 중점을 두면 쉬울 수 있다!

첫 문장을 제대로 연습하지 않으면 대부분은 스토리를 이렇게 시작한다.

"그러니까 어…(한숨) 좋아요… 와, 정말 긴장되네요… 그러니까… 조금 복잡한 이야기지만… 좋아요. 저는 어… 스무 살 때였어요. 네, 1990년도… 네. 저는 스무 살이었는데…."

과장하는 게 아니다. 이런 경우가 정말 흔하다. 사람들의 관심을 받으며 즉석에서 스토리를 시작하려 했는데 이렇게 되면 정말 많은 걸 잃게 된다. 일단 듣는 이들의 관심이 떨어지고, 좋은 스토리가 되리라는 기대도 없어진다. 시간도 잡아먹게 된다. 아무리 엄청난 스토리를 말한다고 해도 남은 시간 동안 삐걱거리는 도입부를 수습하기 위해 시간을 허비할 수밖에 없다.

시작은 강렬하게

스토리를 시작하는 방식은 듣는 이들이 경험할 스토리의 분위기를 만든다. 자신 있어 보이는가? 긴장했는가? 직접적인가 간접적인가? 서술적인 측면에서 스토리에 계속 관심이 가도록 하는가?

강렬한 첫 문장이나 문구를 만들면 정말 많은 긍정적 감정을 이끌어낼 수 있다. 다음에 무슨 일이 벌어질지 궁금하고, 스토리의 분위기도 알 수 있고, 스토리텔러의 자기소개도 된다.

긴장을 잘한다면 사람들 앞에 서자마자 말할 특정 단어를 염두에 두며 자신감을 가지자. 집중도 되고 긴장감도 확실히 누그러진다. 깔끔하고 강렬하게 시작하면 스토리텔러와 스토리 자체에 바로 힘을 실을 수 있다. 계획한 대로, 원하는 대로 첫 단어들을 말해 스토리를 시작하면 긴장을 풀 수 있다. 나 또한 그랬으니까! 그 후에는 나머지 스토리를 계속 말할 수 있게 된다.

스토리를 시작할 때 저지르는 또 다른 큰 실수는 정말 정말 정말 정말 정말 길고 긴 도입부에 복잡하고 난해한 뒷배경까지 설명하는 것이다. 솔직히 말해 스토리에 하등 쓸모없다. 나는 이런 행동을 스토리텔링 준비운동이라 부른다. 스토리 자체를 질질 끌면서 스토리텔러 자신이 준비운동을 하는 것이다. 해당 사건으로 이어지는 뒷배경이 스토리텔러에게는 중요하고 재밌기 때문이다.

실제로는 뒷배경은 건너뛰고 훨씬 나중 시점부터 시작해도 스토리 속 세상에 푹 빠져들어 재미를 느낄 수 있다. 형제자매가 몇 명이고 아빠 직업이 뭐였는지 말하지 않아도 된다.

스토리는 경험에 대한 것이다. 뒷배경이 중요하다면 필요에 따라 스토리의 적절한 부분에 배치해 보자. 시작을 제대로 준비 안 해서 중얼거리는 일만큼 스토리텔러를 못 미덥게 하는 행동도 없다.

예외

―――― 무대에 올라오리라 생각도 못 한 의사를 기억하는가? 스토리를 말할 준비가 되지 않았지만 한 번도 말하지 않은 스토리를 말한 사람 말이다.

그 사람의 스토리 도입부는 제대로 된 구조도 없었고 준비도 안 됐고 계획도 없었다. 엄청나게 부끄러워하며 몸을 떨기까지 했다. 스토리를 시작하기까지 한 1분 정도를 끌었다. 하지만 그 후 그는 관객을 손에 쥐고 흔들었다! 그는 너무나 취약해 보였고, 모든 약점을 솔직하게 드러내 관객들은 그 사람의 이야기에 홀딱 빠져들었고 스토리가 이리저리 흘러가도 상관하지 않았다.

하지만 스토리가 본격적으로 진행되자 오랫동안 감춰왔던 비밀이 무엇일지 관객들은 전부 손에 땀을 쥐고 경청했다.

확실히 예외가 없는 것은 아니다. 경험을 스토리로 만들려는 사람들은 이 의사의 경우를 예외로 치부해야 한다. 이처럼 아무 계획도 없이 무대에 올라가도 좋은 스토리, 아니, 엄청난 스토리를 말할 수도 있다.

하지만 그렇게 되지 않을 가능성이 더 크다! 오히려 다행이다! 브레인스톰과 그 순간 무언가를 발견하는 일은 스토리텔러들이 항상 하는 일이다. 괜찮은 부분을 바탕으로 약한 부분을 보강해 보자.

최고의 도입부로 듣는 이의 관심과 집중을 이끌어내면 점점 더 스토리에 대한 듣는 이의 호기심을 자신감 있고 품위 있게 자극할 수 있다.

강력한 시작만큼 중요한 부분이 바로 결말이다. 강렬한 결말을 남긴다면 사람들이 스토리를 좋아하고, 기억하고, 고마워할 확률이 훨씬 높다.

탄탄한 결말은 기적을 행할 수도 있다. 스토리의 중간 부분이 '느슨해지는' 경우는 드물지 않다. 다른 부분처럼 사람들을 사로잡지 못하는 순간들이 있다. 하지만 결말이 탄탄하여 사람들에게 강렬하고 만족스러운 경험을 선사한다면 전부 용서받을 수 있다.

캘리포니아 샌프란시스코에 있는 결말 장인 중 한 명이 바로 에바 슐레진저다.

특이하고 매우 진중한 스토리텔링과 탄탄한 대본을 바탕으로 한 스토리가 에바만의 스토리텔링 스타일이다. 에바는 근본적으로 이 책에서 알려주는 방식 대부분과 정반대인 접근법을 사용한다. 자기 스토리를 한 단어 한 단어 외워 고음의 목소리로 정확하게 전달한다.

모두에게 맞는 방식은 아니다. 대본에 크게 의존하는 접근법에 일부 듣는 사람들이 떨어져 나갈 수 있다. 에바는 너무 완벽하게 스토리를 말해서 종종 실제 있던 일이 아니라는 소리를 듣는다. 하지만 마지막 한 줄의 펀치 라인을 말하면 스토리를 어떻게 생각했든지 간에 사람들은 그녀의 스토리텔링 기술을 찬양할 수밖에 없다.

최근 에바가 말한 스토리 중 하나는 싸구려 코코넛 워터 한 캔에 관한 얘기였다. 스토리의 줄거리는 음료수통에 부착된 빨대가 불가피하게 가격표를 가린다는 점을 중심으로 돌아간다. 비교적 특이하면서도 그다지 흥미롭지 않은 소재지만, 음료수를 한입 먹기 위한 과정과 디테일에 대한 에바의 집착은 듣는 일들을 놀라게 하고 즐겁게 한다.

스토리가 이런 디테일을 강조하고, 스토리텔러가 이 점에만 집중한다면 우스꽝스러운 스토리도 터무니없게 변한다. 그런 스토리를 다 말하고 나면 에바는 강렬하게 마지막을 장식한다.

"어떤 가격은 그냥 넘기기가 어려워요. 하지만 이번 건 꽤 쉽게 목구멍을 타고 내려갔죠."

이 한 줄의 문장으로 에바는 스토리의 테마, 메시지, 드라마를 마무리 짓는다. 이 이상의 스토리가 나올 수가 없다.

그럼 어떻게 스토리를 끝낼까?

—— 결말을 만들 때 내가 즐겨 사용하는 방식은 스토리를 돌아보는 것이다. 스토리 속에서 소개하고 쌓아간 것은 무엇인가? 스토리 속에 되새길 만한 대사, 조언, 교훈이 있는가?

사람들은 스토리를 '백지' 상태로 듣는다. 스토리텔러가 누군지, 어떤 삶과 경험을 했는지 거의, 혹은 아예 모른다. 스토리텔러에 대한 정보는 모두 스토리텔러에게서만 나온다. 이를 염두에 두면 스토리텔러는 사람들이 무엇을 알고, 무엇을 이해할지 조종할 수 있다. 그리고 결말을 준비할 수 있다. 사람들이 결말까지 스토리에 몰입하도록 단서, 모티브, 이미지를 깔아야 한다. 그리고 깔끔하게 스토리의 기억이나 메시지를 남긴다면 사람들의 지지를 얻을 수 있다.

결말을 찾는 또 다른 방법은 결말에서 스토리를 시작하는 것이다. 강렬한 문장, 충격적인 결말, 교훈 등 스토리를 끝내고 싶은 지점을 안다면 스토리를 역순으로 만들 수 있다! 스토리 골조를 떠올려 '매일'과 '그날 이후' 사이의 연결점을 찾아보자. 스토리의 '그날 이후'가 어떻게 끝나는지 안다면 역설계해서 사람들을 결말로 인도할 도입부를 만들어보자.

예를 들어보자. 랜디 비어드(Randy Beard)는 아래와 같은 멋진 스토리를 말했는데 결말이 필요했다. 랜디는 스토리를 이렇게 시작했다.

"저는 어린 시절 어머니에 대한 기억이 두 개 있습니다. 첫 번째는 세 살 때쯤이었는데, 어머니의 타자기를 가지고 놀다가 혼났던 기억입니다. 두 번째는 형을 데리러 어머니와 함께 교회에 가던 기억입니다. 그때 저는 다섯 살이었죠. 저녁 시간이었는데 교회에서 1마일이 안 되는 가까운 거리에 살고 있었어요. 제 옆으로 차도의 흰색 실선이 그어져 있던 게 기억나요. 엄마가 제 왼쪽에서 제 손을 잡고 걷고 있었고, 뒤에서 오는 차의 전조등 불빛이 보였어요. 그 뒤로는 바람에 밀려서 넘어진 느낌만 기억나요. 마치 배를 한 대 얻어맞은 기분이었죠."

스토리에서 랜디는 혼란스러운 차 사고의 뒷이야기를 말한다. 결국, 그날 밤 어머니는 돌아가셨다. 비극적인 사고의 여파에 시달리던 랜디에게는 답을 찾을 수 없는 의문이 하나 있었다. 사람들은 랜디도 차에 치였다는 말을 믿지 않았다. 엄마를 치어 죽인 차에 다섯 살 아이가 치였다면 죽었지 않겠냐는 것이었다. 하지만 랜디는 여전히 '배를 한 대 얻어맞은' 기억이 남아 있었다. 어느 날 이 스토리를 여자친구에게 말하자 여자친구가 이렇게 말했다.

"엄마가 아들을 살리려고 밀어냈다는 생각은 해본 적 없어?"

랜디는 사고의 기억을 되짚어갔다. 그리고 경찰차 불빛이 가득한 '도로 한복판에' 누워 있던 사실을 기억해 냈다.

여기까지 말한 랜디가 덧붙였다.

"하지만 스토리를 어떻게 끝내야 할지 모르겠어요."

이 스토리를 어떻게 끝낼 수 있을까?

스토리 초반에 씨앗을 뿌려야 좋은 결말을 거둘 수 있다. 가끔은 이를 눈치채기 어려운 경우도 있다. 랜디의 경우 누가 봐도 쓸 만한 소재가 있다.

스토리의 첫 문장을 보자. '저는 어린 시절 어머니에 대한 기억이 두 개 있습니다.' 이 문장은 임팩트와 반전을 더해 다시 말할 수 있는 완벽한 소재다.

나라면 랜디의 스토리를 이렇게 끝내겠다. 첫 문장을 다시 말하되 한 가지 큰 변화를 곁들여서 말이다.

"저는 어린 시절 어머니에 대한 기억이 두 개 있습니다. 첫 번째는 세 살 때

쯤이었는데, 어머니의 타자기를 가지고 놀다가 혼났던 기억입니다. 두 번째는 어머니가 제 목숨을 구해줬던 기억입니다."

문구, 문장, 단어를 반복하거나 스토리 어딘가에 있던 아이디어를 결말 때 다시 가져오면 사람들은 스토리를 한 바퀴 돌아 다시 주제로 돌아오게 된다. 그럼 스토리가 어디서 시작했는지, 어떤 일이 있었는지, 그 끝은 어떻게 됐는지 기억하게 된다.

사람들에게 마지막으로 한 번 더 감정을 불어넣어 주자. 스토리에서 느꼈던 기분을 충만하게 하거나 박장대소를 하게 만들면 인기는 따 놓은 당상이다. 스토리를 감정적인 비트로 마무리하면 스토리에서 그리 탄탄하지 않거나, 재밌지 않거나, 구체적이지 않은 부분이 있더라도 사람들은 너그럽게 넘어갈 수 있다.

강렬하게 시작하고 착 달라붙는 결말을 내면 스토리 쇼에서도 우승할 만한 스토리가 나온다.

연습 **구슬 꿰기**

구슬 꿰기는 좋은 단체 연습으로 스토리 비트를, 특히 시작과 끝을 만들기 좋다.

시작하기에 앞서 각자 순서를 정한다. 생각나면 스토리의 어느 부분이라도 들어갈 수 있지만 한 번에 한 사람만 들어간다.

게임의 목표는 스토리를 완성하는 것으로 순서에 상관없이 한 번에 한 문장만 완성한다. 첫 번째 참가자는 게임 공간의 맨 왼쪽인 객석으로 가거나 '무대'에 올라가 스토리의 첫 문장을 말한다.

그럼 두 번째 사람은 반대편 끝자락(맨 오른쪽)으로 가서 마지막 문장을 말한다. 마지막 문장은 첫 문장에서 최대한 동떨어져 있고 관련 없는 문장이어야 한다. 그리고 '스토리 전체'를 다시 말한다. 다시 말해(처음 말했던 때와 똑같이) '첫 문장'을 말하고 '마지막 문장'을 말한다.

그리고 한 번에 한 사람씩 나머지 인원이 아무 데나 원하는 곳에 스토리 한 문장을 채워 넣으며 개연성 있는 스토리를 완성해 나간다.

스토리를 새로 한 문장 더할 때마다 스토리를 처음부터 끝까지 다시 말한다. 각자 자기가 말했던 한 문장을 순서대로 반복하면 된다. 이 게임의 재밌는 점은 스토리의 어느 부분이라도 채워나가면 된다는 것이다. 세 번째 참가자가 처음과 끝 중간 '어딘가'를 채우면, 네 번째 참가자는 처음과 세 번째 사이에 들어가도 되고, 세 번째와 끝 사이에 들어가서 스토리를 만들어도 된다. 그렇게 한 명씩, 한 문장씩 스토리를 말하고 '스토리 전체'를 다시 한 번 말한다.

시간이 갈수록 참가자들은 '스토리의 문장과 문장을 이어야' 한다. 떡밥이 있다면 회수해야 한다. 반대로 나중에 일어날 사건을 스토리 초반에 소개할 수도 있다. 그럼 마지막 참가자가 스토리 한 문장을 만들었을 때 서술 전체에 개연성이 생기게 된다. 참가자 개개인은 스토리의 틈을 찾아 메워야 한다. 아니면 스토리에서 모호하거나 밝혀지지 않은 부분을 찾아 설명해야 한다. 혹은 머릿속에 가장 먼저 떠오른 말을 해도 된다.

망설이는 사람이 있다면 먼저 스토리에 '들어갈'수록 훨씬 쉽다는 말을 해주고 싶다.(스토리의 개연성을 신경 써야 할 필요가 적어진다.) 마지막 참가자는 '4번 타자' 역할을 한다. 이어지지 않거나 해결되지 않은 부분을 찾아 풀어야 한다.

이 게임은 일곱 명이나 여덟 명이 하기 적절하지만, 더 많이(아주 많이!) 있어도 된다. 세 명이 하면 처음, 중간, 끝의 간단한 스토리를 만들 수도 있다.

이런 식으로 스토리를 파편화하면 어떻게 스토리의 요소들이 서로 이어지고 서로를 뒷받침하게 되는지, 어떻게 스토리가 만들어지고 처음과 끝 문장으로 마무리되는지 재밌고 신기하게 보인다. 이미 나온 문장들을 잘 듣고 거부하거나 무시하지 말아야 한다. 스토리의 모든 문장이 중요하며 새로운 문장을 최대한 디테일하게 만드는 데 도움이 된다.

마지막 참가자가 한 문장을 채우고 처음부터 끝까지 스토리 전체를 말하면 '구슬 꿰기'가 끝난다.

글로 쓰는 연습으로도 가능한데, 참가자나 학생들이 한 명씩 스토리 요소들을 포스트잇이나 카드에 적고 벽에 붙여 스토리를 완성하면 된다.

스토리를 말하기 전 마지막으로 할 일

─────── 이제 모든 걸 종합해 보자. 일단 스토리의 시작과 끝을 만들었다. 머릿속 체크리스트에 스토리를 비트별로 펼쳐놓은 상상도도 있다. 이제 사람들 앞에서 스토리를 말할 시간이다.

그럼 이 모든 걸 조화롭게 하나로 만들 수 있을까? 나의 경우 스토리를 말하기 전에 하는 정신적인 '준비운동'이 있다.

바로 스토리의 '처음' 문장과 '끝' 문장을 나 자신에게 크게 말하는 것이다.

내가 랜디였다면 무대 위에 올라가기 전에 스토리의 첫 문장인 '저는 어린 시절 어머니에 대한 기억이 두 개 있습니다.'와 스토리의 결말인 '저는 어린 시절 어머니에 대한 기억이 두 개 있습니다.'를 말할 것이다.

둘 다 같은 문장, 맞다. 랜디의 스토리가 그렇게 끝이 나기 때문이다. 처음과 결말이 다른 스토리라면 예를 들어 노먼의 스토리라면 첫 문장인 '이 스토리는 제 사촌 노먼에 대한 얘기예요. 노먼 와이너.'를 말하고 끝 문장인 '노먼이 그리워요.'를 말했을 것이다.

이 두 문장이 머릿속에 있고 물리적으로 내 '입'에 담았다면, 무대 위에 올라가서도 이 두 문장을 또박또박 말할 확률이 훨씬 높아진다. 긴장되든 아니든, 스토리 전체에서 가장 중요한 문장 두 줄을 내가 원하는 방식으로 말할 수 있다고 약간의 자신감을 나 자신에게 불어넣어준다.

이제 마이크 앞에 서서 숨을 들이쉬고 스토리의 첫 문장을 말한다.

무의식적으로 이미 나는 첫 번째 허들을 뛰어넘은 것이다! 해냈다! 스토리의 첫 문장이 끝났다! 그리고 사람들이 야유하지도 않았다!

이제 가장 어려운 부분을 넘겼으니 후크를 하나하나 걸고 비트를 하나하나 말하며 스토리를 진행해 나간다. 스토리를 말하다 보면 결말이 가까워지는 걸 느끼게 된다. 시간이 없거나 실제로 스토리의 결말에 다다른다.

계획하고 연습한 대로 흘러가든 그렇지 않든, 슬슬 '앞을 내다보며' 머릿속으로 '마지막 문장'을 기억해 내야 한다.

서두르지 말고, 마지막 문장은 이미 준비해 뒀으니 자신감을 가지고 단호하게 스토리의 마지막 문장을 말한다.

마지막에 힘이 떨어지는 '평범한' 스토리와 비교했을 때 자신감 있게 마지막 문장을 말하면 얼마나 더 좋을지 생각해 보자. '아마 이게 끝일걸요?' 스토리텔링 쇼에서 실제로 이 말을 수도 없이 들어봤다. 그 외에 비슷한 말들도 많이 들었다. '끝입니다.', '그렇게 끝나요.', '어, 그러고 나서 다른 일들이 잔뜩 있었지만, 시간이 끝났네요. 감사합니다.'

결말을 착 달라붙게 하면 사람들은 스토리텔러와 스토리에 고마워하게 된다.

내가 설명한 전략의 또 다른 장점은 스토리를 말하려고 기다리며 에너지를 집중할 수 있다는 점이다. 스토리텔링 쇼에서 자기 차례를 기다리며 연습하는 모습을 보면 보통 프린트해온 스토리를 접었다 펼쳤다 하면서 계속 훑어본다. 스토리를 머릿속에 '욱여넣으며' 마이크 앞에 섰을 때 역사 시험 문제의 답처럼 '생각나길' 빈다.

나는 이런 방식을 추천하지 않는다! 스토리를 벼락치기 하듯 외우면 긴장만 더 될 뿐이다. 스토리 내용 한 줄 한 줄에 얽매여 있거나, 스토리를 잊을까 봐 걱정하고 긴장하는 사람일수록 스토리를 잊을 확률이 더 높다. '아차' 하고 스토리의 한 부분을 잊거나, 놓쳤거나, 아름답게 써놓았던 표현을 잘못 말하기 십상이다.

스토리텔링하기 직전의 에너지를 첫 문장과 마지막 문장에 집중해 두 문장을 반복하면 스토리의 시작과 끝만큼은 탄탄하리라 확신할 수 있다. 물론 시작과 끝 문장 사이에 일어나는 일들도 제대로 말할 것이다. 실제 있었던 일이기 때문이다. 경험해 봤으니 어떠한 글이나 대본, 계획 없이도 잘 말할 수 있을 테고, 계획을 세우면 당연히 더 좋은 스토리로 말할 수 있다. 순서를 짜고 구체적인 디테일에 집중하면서 줄거리와 묘사를 한 데 엮었으니 말이다. 하지만 이제는 스포트라이트에 설 차례다. 현재에 집중하며 긴장을 풀고 첫 문장과 마지막 문장을 연습하자.

이 방법을 제대로 쓴 순간 중 하나는 샌프란시스코 카스트로 극장에서 열린 두 번째 〈모스 그랜드슬램〉대회였다. 〈그랜드슬램〉은 모스 쇼에서 주최하는 큰 규모의 스토리텔링 대회로, 매달 개최하는 〈스토리슬램〉의 우승자들을 모아 그중 최고의 스토리텔러를 가리는 행사이다. 관객 수도 일반적인 〈스토리슬램〉보다 훨씬 많다. 카스트로 극장은 거의 1,400명에 가까운 인원을 수용할 수 있다! 브로드웨이 크기의 무대에 서서 스토리를 듣고 싶어 하는 수많은 얼굴들을 보노라면 능숙한 스토리텔러조차 마른침을 삼키게 된다.

이 대회에서는 내 클래스를 들었던 사람이자 〈스토리슬램〉의 우승자였던 데이브 마호니(Dave Mahony)가 나의 초청으로 나왔다. 데이브는 나무 계단을 타고 올라가 무대로 올라갔다. 무대에 설치된 벽 높이 달린 붉은 벨벳 커튼을 지나가 자신 있는 발걸음으로 무대 중앙까지 나아갔다. 데이브는 바로 마이크 앞에 서는 대신 뒤를 돌아 큰 소리로 자신에게 스토리 첫 문장과 마지막 문장을 말했다!

데이브는 차분히 뒤를 돌아 두 걸음 앞에 있는 마이크로 다가가더니 첫 문장을 완벽하게 말했다.

무대에 올라온 데이브는 잠깐 시간을 가졌다. 아마 10초 정도 걸렸을 것이다. 관객에게 데이브가 했던 행동을 기억하냐고 물어보면 아마 다들 기억 못 할 것이다. 데이브의 행동은 시작하자마자 끝이 났기 때문이다. 짧지만 필요한 순간 데이브에게 스토리에 대한 자신감을 불어넣어준 행동이었다.

1,400명이나 되는 사람들이 보고 있었으니 누군가는 데이브의 행동을 알아차렸을지도 모른다. 그렇다면 무슨 행동을 하는지 궁금했을 것이다. 스토리텔러가 무대에 올라왔는데 스토리를 말하지 않으니 궁금할 수밖에. 그런데 금방 다시 돌아서서 스토리를 말하기 시작한다. 무슨 일인진 몰라도 끝났다. 쇼도 계속 진행됐다.

잠시 시간을 가지며 데이브는 그동안 연습해왔던 스토리에 자신감을 불어넣었고 이후 자신이 스토리를 말한 방식에 만족했다. 스토리를 말할 때 무대는 스토리텔러의 것이다. 잠시 정신을 집중할 시간을 가진다 해도 스토리텔러의 당연한 권리이자 선택이다.

잘 계획한 마지막 문장을 깔끔하고, 분명하고, 자신감 있게 말한다면 스토리텔러가 스토리를 제대로 통제하고 말하는 모습으로 비친다. 마지막 문장을 말할 때 사람들은 스토리가 제대로 끝났음을 느끼며 스토리텔러에게 감사한다.

내가 스물다섯 살 때 있던 일로 만든 스토리가 있다. 스토리의 첫 문장과 마지막 문장은 이렇다.

첫 문장: 집에 돌아와 보니 문 앞에 상자가 놓여 있었습니다.
마지막 문장: 만약 상자를 봤으면 열어보세요.

나머지 스토리는 예상대로 상자에 대한 스토리다. 이 문장들은 그렇게 복잡하지도 않고, 기억하기 어렵지도 않다. 그래도 무대로 올라가면 큰 소리로 말한다. '집에 돌아와 보니 문 앞에 상자가 놓여 있었습니다. 만약 상자를 봤으면 열어보세요.'

최근 오클랜드에 있던 〈스토리슬램〉에 참가했을 때 일이다. 내 차례가 되자 진행자인 줄리 솔러(Julie Soller)가 나를 자세하게 소개해 주었다. 그런 소개를 받았는데 바로 스토리로 들어가긴 어색해서 감사의 인사를 하고 나 또한 진행자에 대해 소개를 해줬다. 줄리에 대해 짧은 스토리를 말해준 것이다! 그리고 나서 잠시 시간을 가지며 숨을 고르고 첫 문장을 말했다. '집에 돌아와 보니 문 앞에 상자가 놓여 있었습니다.'

내가 목적성을 가지고 첫 문장을 시작했기 때문에 다들 '스토리'
가 시작됐다는 사실을 알 수 있었다.

비법은 이렇다

───── 목적을 가지고 확실하고 자신 있게 말하자. 사람들은
바로 스토리에 귀 기울이며 스토리텔러의 입에서 나오는 단어 하나
하나를 놓치지 않을 것이다. 빠르게 사람들을 사로잡아 스토리 내내
끌고 다닌 뒤 마지막 문장과 함께 놓아주자.

시작과 끝

스토리를 위한 첫 문장과 마지막 문장을 브레인스톰 해보자.

각 문장을 너무 소중하게 생각하지 말자. 완벽하지 않을지라도 첫 문장으로 궁금증을 자아

내고 마지막 문장으로 궁금증을 해결할 수 있을지 보자.

스토리 제목:

_____

_____

_____

첫 문장 아이디어

마지막 문장 아이디어

_____

_____

_____

_____

_____

_____

_____

_____

_____

_____

_____

_____

_____

_____

11장

스토리텔링 쇼

스토리를 한두 개 정도 만들어 연습했으니 이제 무대에 올라가 스토리텔링을 해보자. 스토리를 만들 때처럼 스토리를 말할 때도 자신에게 관대해지는 편이 좋다. 처음 무대 위로 올라갔으니 완벽하지 않을 수도 있다! 스토리 일부를 잊었다던가, 어디까지 얘기했는지 잊었다던가, 아니면 머릿속이 새하얘질 수도 있다.

무대, 관객, 쇼의 분위기와 상관없이 대부분 관객은 스토리를 들을 때 의심이 생겨도 실제 있던 일이라고 믿어주는 편이다. 스토리텔링 쇼는 스탠드업 코미디가 아니다. 관객들은 스토리가 무조건 웃기리라고 기대하지 않는다.

코미디쇼에서는 웃기지 않으면 야유하기도 한다. 스토리텔링은 그런 야유를 듣지 않는다. 각자의 삶을 살아온 사람들이 모여 남들 앞에서 용기 있게 자신의 실제 경험을 말하는 사람들을 경청하고 지지해 준다. 그래서 관객들은 다른 이들의 스토리에 공감하고, 즐거워하고, 감동한다.

이번 장에서는 가장 흔하게 열리는 스토리텔링 쇼들을 분석하며 무엇을 예상해야 하고 어떻게 준비해야 하는지 알아보고자 한다. 초보와 숙련된 스토리텔러 모두에게 유용한 퍼포먼스 팁과 비결도 알려주고자 한다. 마지막으로 자신만의 스토리텔링 쇼를 기획, 제작, 홍보할 수 있는 아이디어와 조언도 첨가하였다.

스토리텔링 쇼의 종류

대부분의 스토리텔링 쇼는 두 가지 중 하나, 혹은 두

가지를 결합한 형식이다. '제비뽑기'는 누구나 무대에 올라갈 수 있는 오픈 마이크 스타일이고 '순서를 기획'한 쇼는 미리 공연자를 섭외해 놓는다.

제비뽑기

────── 〈더 모스 스토리슬램〉 같은 쇼들은 오픈 마이크 스타일의 '제비뽑기'를 한다. 쇼 진행자나 프로듀서가 관객 중 한 명씩 무대로 불러낸다. 전통적인 카페 '오픈 마이크' 스타일과 닮았다. 프로듀서도 무슨 스토리가 나올지 알 수 없기에 이런 행사에서는 보통 미리 공지해 놓은 가이드라인을 통해 무대에서 어떤 스토리를 말하면 좋은지 예상할 수 있다.

진정한 오픈 마이크 스타일에는 다양한 종류의 공연자들이 나온다. 짧고 가벼운 음악 공연, 스탠드업 코미디, 스토리텔링이나 복화술, 인형극, 마술 같은 전통적인 공연까지 나온다!

콘텐츠를 제안하거나 규정하면 제비뽑기 스토리텔링 쇼에서 특정 범위를 정해 행사 전체를 일정하게 진행할 수 있다. 규정 범위는 다음과 같다.

시간

보통 한 명당 시간제한을 둔다. 쇼를 제대로 진행하기 위함이기도 하고 각 공연자에게 비교적 '공평한' 공연 시간을 주기 위해서다. 시간제한은 짧게는 5분부터 길게는 20분 넘게까지도 가능하며 그날 행사에 몇 명을 무대에 세울지에 따라 달라진다.

주제

항상 그런 건 아니지만 제비뽑기 방식은 보통 행사를 구성하는 콘셉트로서 '테마'나 주제가 있다. 예외도 있지만 보통 주제는 비교적 다양하게 해석할 수 있어서 그만큼 다양한 종류의 스토리와 관점이 나올 수 있다. '5학년 때 선생님'과 같이 매우 특정한 주제는 어떤 이들에게는 무언가 생각나게 할지 몰라도 다른 이들에게는 그렇지 않을 수 있다. 그에 반해 '선생님' 혹은 '교육' 같은 경우 폭넓게 정의, 해석할 수 있다. 그럼 예상치 못한 스토리가 나올 수도 있다. 일요일 교회 선생님, 운전 교육, '멋진' 음악을 가르쳐준 사촌 등 다른 종류의 선생님이나 여학생 전용 동아리 환영회, 약물 검사를 속인 일, 자신의 본능을 믿으라는 깨달음 등 다른 종류의 교육도 나올 수 있다.

분위기

대부분의 쇼는 목표 관객을 고려해 스토리 분위기를 선정하거나 제안한다. 어떤 쇼는 좀 더 성인을 위해 에로틱하거나 심각하게 '선정적인' 혹은 터부시되는 주제를 원할 수도 있다. 이러한 분위기는 광고나 극장 선정 방식에서, 행사의 기획 방식에서 드러난다. 비슷하게 아이들을 위한 쇼나 특정 산업을 위한 콘퍼런스 및 워크숍 등에서 볼 수 있는 사업과 관련된 분위기는 보통 훨씬 통제를 많이 하고 분위기가 건전하다.

스토리의 사실성

모든 쇼가 같지 않다. 어떤 쇼에서는 음악, 단체 공연, 애드리브 공연 등 다양한 종류의 스토리 콘텐츠를 원하기도 한다. 스토리텔링 쇼를 정의하는 또 다른 측면은 실제 있던 스토리를 원하는지 아닌지의 여부이다. 많은 쇼가 픽션도 원한다. 다른 쇼들에서는 실제 있던 스토리나 최소한 '기억 상으로는' 실제 있던 스토리여야 한다.

대본

쇼 정책의 또 다른 변수는 스토리를 큐 카드나, 프롬프터 등을 써서 '읽을 수' 있는지 없는지의 여부이다.

종류

마지막으로 대부분의 쇼는 무대에서 말할 수 있는 스토리 콘텐츠를 제한하거나 규정한다. 나 또한 춤, 악기 연주, 애드리브 공연을 포함해 다양한 공연을 장려하는 쇼에도 많이 올라가 봤고 이러한 쇼에도 테마가 있다.

제비뽑기 스타일의 쇼 또한 참가자를 정하는 각자의 방식이 있는 편이다. 어떤 쇼에서는 미리 신청을 받아 누가 공연을 할 수 있는지 사전 고지하기도 한다. 다른 경우는 즉석에서 뽑으며 선착순 등으로 순서를 정한다. 한 명이 공연을 끝내고 나서 다음 사람을 뽑는 경우도 있다.

제비뽑기 형식에는 장단점이 있다. 장점으로는 콘텐츠의 범위만 있을 뿐 공연 콘텐츠를 제한하거나 미리 정하지 않는다. 열정적이고 다양한 스토리텔러와 관객들이 이런 쇼에 관심을 가질 확률이 높다. 〈더 모스〉에서 듣는 다양한 스토리는 듣는 이에게 긍정적인 마음을 불어넣기까지 한다. 넓은 범위의 연령, 인종, 성별의 사람들이 한 무대를 공유하며 자신의 특이한 인생 경험을 스토리로 공유하는 모습을 보면 정말 기분이 좋아진다. 〈스토리슬램〉처럼 다양한 종류의 스토리를 섭외하라고 하면 대부분의 쇼 기획자들은 어렵다고 할 것이다. 스토리에 담겨 있는 경험의 범위와 깊이는 정말 재밌고 교육적이기까지 하다. 무대에 한 번도 서 본 적이 없어서 잔뜩 긴장한 스토리텔러에 관객들이 울고, 웃고, 박수치는 모습은 참으로 흐뭇한 광경이다.

제비뽑기 쇼는 공연자의 입장에서의 단점도 있다. 무대에 올라갈 수 있다는 확신이 없기 때문이다. 〈스토리슬램〉 같은 형식은 무대에 올라가지 못할 수 있으니 스토리텔러이기 이전에 스토리텔링 쇼의 팬으로서 참여하는 게 속 편하다! 나는 이런 종류의 쇼에 갈 때 먼저 관객으로서 가고, '예상치 못하게' 뽑혀서 무대에 올라가면 '좋다'고 생각한다. 이러면 내가 뽑히지 않더라도 실망하지 않게 된다.

제비뽑기 스타일의 쇼는 스토리 콘텐츠의 퀄리티가 롤러코스터처럼 오르락내리락할 수 있다. 스토리가 어떤지 미리 검증하지 않았기 때문에 스토리가 다듬어져 있지 않고 모호할 수도 있다. 이런 종류의 쇼에 가는 관객이라면 그저 운명에 맡길 수밖에 없다. 반대로 5~6분 정도로 시간제한을 두면 3분 정도 스토리를 듣다가 영 아니라고 생각해도 몇 분 후면 끝나니까 안심하면 된다.

내가 정말 좋아하는 〈모스 스토리슬램〉의 전통이 하나 있는데, 당첨된 열 명 이외의 스토리텔러들을 무대로 초대해서 스토리의 첫 문장을 말하게 하는 것이다. 버클리에서 열린 〈스토리슬램〉에서는 가끔 스토리텔러 10명을 뽑는데 28명 이상이 몰리는 경우가 있다. 뽑히지 않은 나머지 18명은 나중에 무대 위로 올라 자기 스토리의 일부를 들려준다. 이들은 쇼가 끝날 때까지 우리 주변에 앉아 있다가 다양한 인생 경험을 맛보게 해주며 쇼의 마지막을 장식한다. 이들의 스토리를 들으면 스토리텔링 쇼가 무엇을 말해주는지 확신하게 된다. 우리 모두 스토리가 있고 정말 재미는 스토리들이 많다는 사실을 말이다! '나머지 신청자들'을 무대로 초청하는 일은 이들의 기다림과 참가 의지를 기리는 일이기도 하다. 스토리를 줄여 말해야 한다 해도 잠시 시간을 빌려 스토리텔러 자신의 일부를 관객들과 공유할 수 있기 때문이다.

공연자를 미리 섭외하는 쇼

제비뽑기나 오픈 마이크 형식이 아닌 쇼는 참가자를 미리 '섭외'해 놓는다. 이런 쇼에는 몇 가지 종류와 고려해야 할 점이 있다.

레퍼토리 극단

어떤 쇼는 공연자, 스토리텔러, 연주자를 고정 섭외하거나 돌아가며 섭외하기도 한다. 이런 쇼는 보통 게스트로 섭외가 들어오는 일 외에는 스토리텔러가 접근할 방법이 없다. 레퍼토리 극단은 대본이 있거나 없기도 하고, 관객 풀을 유지하기 위해 브랜드 안정성을 중시하기도 한다.

레퍼토리 극단 쇼에 들어가려면 오디션을 보거나 섭외를 받아야 한다. 극단의 감독, 프로듀서, 캐스팅 전담자에게 접근해 게스트나 고정출연을 하고 싶다는 의사를 밝히는 것도 방법이다.

프로듀서가 직접 섭외하는 쇼

흔히 있는 형식으로, 프로듀서나 프로덕션이 공연자들을 쇼에 섭외한다. 많은 경우 프로듀서는 특정한 목소리나 특정한 스토리 종류, 분위기를 찾는다.

다른 방식으로는 쇼를 광고하기 위해서 프로듀서가 관객을 '끌어들일 수 있는' 공연자를 섭외하려 하기도 한다. 이 경우 유명하거나 팬이 많아서 보증수표가 되는 공연자들을 찾는다.

프로듀서가 섭외하는 쇼에 들어가려면 먼저 쇼를 한번 보거나 쇼 프로듀서에게 어떤 식으로 쇼를 진행하는지 문의해 보는 게 최선이다. 공연자 선정 과정은 무대에 오를 방법과 스토리텔링 연습 방법을 알려주는 지침이 될 수 있다.

복합형/전문 쇼

어떤 쇼는 미리 섭외를 하는 동시에 제비뽑기 요소도 넣는다. 포틀랜드에 있는 레퍼토리 극단 B 프라이언 마스터스가 주최하는 스토리텔링 쇼 〈백펜스 PDX(Backfence PDX)〉는 미리 스토리텔러를 섭외하는 동시에 객석에서 3~4명 정도를 뽑아 같은 주제로 1분 정도 짧은 스토리를 말할 수 있게 했다.

이들이 주최 중인 스토리텔링 쇼 〈백펜스 PDX: 러시안룰렛〉은 정말 재밌고 스토리텔러한테도 난이도 높은 쇼다. 여섯 명의 숙련된 스토리텔러는 재밌는 주제가 적힌 원판을 돌린다. 그리고 당첨된 제시어로 5분간 스토리를 준비한 뒤 5분 동안 실제 있던 스토리를 말해야 한다. 쇼의 막바지가 되면 관객들이 투표해 누가 상금을 가져갈지 정한다.

〈스토리슬램 오클랜드〉 또한 비슷하게 '초대' 스토리텔러를 몇명 섭외한다.(물론 출연료도 준다!) 나머지는 제비뽑기로 뽑는다. 이런 식의 복합형 쇼는 작은 커뮤니티에서 행사를 주최할 때 아주 효과가 좋다. 항상 스토리를 준비한 '재담꾼'이 몇 명씩 있고, 제비뽑기를 체계적으로 해도 커뮤니티가 참여하면 부산스럽고 시끌벅적해져서 즐겁다. 이런 종류의 행사들이 커지면서 스토리텔러들도 점점 나아지고 쇼 주최자들도 새로운 '초대' 스토리텔러를 '발굴'할 범위가 넓어진다.

이런 행사를 주최하고 싶다면 나중에 연락하기 위해 전화번호나 이메일 등 스토리텔러의 정보를 먼저 수집하기를 추천한다. 쇼에서 나온 스토리를 녹음, 녹화하거나 사용할 거라면 쇼를 홍보하기 위한 사진을 포함해 '공개' 허가 동의를 받도록 하자.

현재 표준 공개 동의 서류는 쇼의 프로듀서가 인터넷 팟캐스트 등 다른 방송에서 스토리를 사용할 수 있다는 권한을 주지만 지적 재산권 자체는 허용하지 않는다. 다시 말해 여전히 스토리텔러의 스토리이자 콘텐츠이다. 동의 서류는 행사 당일 했던 특정 공연에 대한 사용 권한만 허가한다.

아래는 계약서 견본이다. 필요하면 변경해서 사용해도 좋다.(주의: 나는 변호사가 아니므로 이 책에서 나온 계약서 양식을 그대로 사용했을 시 법적 문제 소지가 없다고 장담할 수 없다. 전문 법률가의 자문을 얻도록 하자.)

스토리텔링 쇼 공개 동의 양식

(쇼 제목)에 참가해주셔서 감사합니다. 해당 서류는 스토리 쇼에서 사용된 스토리, 이미지, 사진, 문서, 서류, 목소리 및 소리 녹음본 외 소재에 대한 사용 허가 동의서입니다.

참가자 이름: _____

프로젝트 제목: _____

프로듀서 이름: _____   날짜: _____

나는 이 프로젝트에서 사용된 목소리 녹음본 및 이미지는 물론 서류, 문서, 사진을 프레젠테이션, 전시, 웹사이트, 책 인터넷 출판을 통해 _____의 대표, 직원, 대리인이 무제한 배포할 수 있도록

동의한다. 또한 ＿＿＿＿＿＿＿가 교육적, 비상업적 용도로 해당 문
서 및 이미지를 대가 없이 사용할 수 있도록 동의한다. 이 동의서로
프로듀서는 본인, 본인의 상속인, 대리인, 실행인, 관리자 및 본인을
대신하거나 본인의 재산권을 대신 행사하는 모든 인원에게서 클레임
및 요구에서 면책된다.

날짜: ＿＿＿＿＿＿＿＿   성명: ＿＿＿＿＿＿＿＿

전화번호: ＿＿＿＿＿＿＿＿   이메일: ＿＿＿＿＿＿＿＿

〈더 모스 메인 스테이지〉는 스토리텔러 선정 과정을 자주 혼용한
다. 스토리텔러를 〈스토리슬램〉에서 '발굴'하거나, 작가와 유명인
을 초청하거나, 전화로 참가 신청을 받는다. 이런 쇼에서는 감독이
스토리텔러들에게 조언을 해주어 스토리의 임팩트와 효과를 극대
화할 수 있도록 다듬고 공연할 수 있도록 도와준다.

쇼의 형식과 상관없이 관심 있는 쇼가 있다면 참가 신청을 하기
전에 조사해 보고 관객이 되어 가보도록 권장한다. 팟캐스트, 유튜
브 영상, 공연 등을 보자. 자신의 스토리나 스타일이 쇼에 어울릴지
확신할 수 없다면 더욱 그래야 한다.

관객 앞에서 공연하기

＿＿＿＿＿＿   드디어 해냈다. 쇼에 참가하게 됐다. 무대에도 올라가
게 됐다. 그럼 무엇을 해야 할까? 아래는 관객 앞에서 공연하기에 앞
서 유용한 아이디어, 팁, 연습 방법이다.

준비운동

──── 스토리텔링이 '연기'로 보이지 않을지라도 연기자들이 무대에 올라가기 전에 하는 운동과 반복 동작을 하면 좋다. 운동선수들이 경기나 격렬한 운동을 하기 전에 하는 준비운동과는 다르다. 간단한 준비운동으로도 목소리와 몸에 도움이 된다.

물리적 준비운동

움직이거나 스트레칭하거나 몸을 풀어주지 않는다면 지금 나 자신에게 집중하기 어렵다. 아래는 간편하게 할 수 있는 준비운동으로 객석에 앉아 있을 때도 할 수 있다!

- 팔, 어깨, 다리, 목 스트레칭
- 크고 작은 과장된 표정으로 얼굴 스트레칭
- 손으로 가볍게 입 주변, 턱, 볼 근육 마사지
- 잇몸을 따라 혀로 훑기
- 제자리에서 팔다리를 높이 들며 33보 걷기

심호흡

심호흡은 스토리텔링에 좋은 준비운동이다. 심호흡은 긴장을 풀어주고 목소리의 톤과 퀄리티에도 영향을 준다.

- 4초간 들이쉬고 4초간 내뱉기 5번 반복

목 풀기

몸이나 숨과 마찬가지로 목을 풀어주는 것 또한 중요하고 스토리텔링에 도움이 된다. 아래는 목 풀기 운동이다.

공연장으로 가는 도중에 라디오나 좋아하는 노래를 따라 부르거나 흥얼거리는 것도 좋다. 입을 다물고 무언가 씹는 행위도 좋다.

발음 연습용 문장을 천천히 따라 하며 입 근육을 풀어주는 것도 좋다.

목 풀기용 음계 연습도 좋다. 천천히 한 음씩 올라갔다 내려갔다 하면서 목과 성대 근육을 풀어주자.

마이크

———— 모든 쇼가 그렇진 않지만 대부분 쇼에서는 마이크를 사용하게 한다. 마이크 지지대가 있는 고정형 마이크를 사용하기도 하고 휴대용 마이크를 쓰기도 한다.

고정형 마이크

대부분의 스토리텔러에게는 마이크를 한 자리에 고정하도록 추천한다. 스토리를 말하면서 손, 팔, 몸을 최대한 자유롭게 사용할 수 있기 때문이다.

손가락 세 개 너비 정도의 거리만 남겨두고 입을 마이크에 가까이 대자. 랩이나 스탠드업 코미디쇼가 아니므로 마이크를 너무 입에 바짝 붙이지 않아도 된다!

마이크 각도를 조절해 마이크가 턱 쪽으로 향하게 하자. 마이크에 '직접' 말하는 게 아니라 마이크 '위'로 말하는 느낌이면 좋다. ㅋ, ㅌ, ㅍ 같은 거센소리 자음들을 말할 때 마이크에 '팍팍 튀는' 소리를 줄일 수 있다.

마이크를 두려워하지 말자! 많은 초보 스토리텔러들이 마이크를 마치 관객 사이의 장애물로 생각하고 마이크 옆이나 뒤에서, 혹은 멀리 떨어져서 말한다. 관객 입장에선 매우 답답한 노릇으로 입 모양은 보이지만 목소리가 들리지 않는다. 마이크에 바짝 서서 말하도록 하자.

마이크에서 멀어지게 되는 동작이나 행동을 하게 되면 동작을 한 뒤 마이크에 대고 말하도록 하자. 무대 위에 눕거나, 마이크 옆에서 팔을 흔드는 도중에 말하면 들리지 않는다.

스토리를 말할 때 다양한 크기의 목소리를 사용해야 한다면 마이크로 연습하는 것도 좋다. 조용한 순간에는 마이크를 좀 더 가까이 대고, 큰 소리를 낼 때는 마이크에서 멀어지자.

휴대용 마이크

휴대용 마이크는 진행자, 가수, 스탠드업 코미디에서도 사용한다. 완벽하게 사용하려면 연습이 필요하다. 휴대용 마이크를 쓰면 무대 위에서 자유롭게 움직일 수 있지만 마이크를 드는 손을 사용할 수 없다.

고정형 마이크가 그렇듯 입과 마이크와의 거리를 잘 조절해야 한다. 손가락 세 개 너비 정도 거리를 벌리면 소리도 덜 왜곡되고 목소리의 퀄리티도 가장 좋다.

이 때문에 초보 스토리텔러한테는 주의하라는 것이다. 마이크를 손에 들고 능숙하게 사용하는 방법 또한 기술이기 때문이다. 계획이나 자신감이 없다면 마이크를 든 손이 왔다 갔다 하거나 입에서 멀어졌다 가까워졌다 한다. 이래서 나 또한 마이크와 내 몸을 한자리에 고정하기를 선호하고 남들에게도 권장한다.

헤드셋 마이크

어떤 이유로든 헤드셋 마이크를 사용하게 되면 양손을 자유롭게 사용할 수 있고 무대도 자유롭게 다닐 수 있는, 프리스타일에 거의 근접한 스토리텔링이 된다.

헤드셋 마이크는 보통 귀에 둘러 착용하고 작은 마이크를 입 근처에 고정하며, 스피커로 소리를 전달하는 작은 기기에 연결한다.

공연자가 무대 위를 괜히 돌아다니는 문제가 있지만 무선 마이크를 쓰면 관객에게 가장 자연스럽게 보일 수 있다. 손에 무언가 들거나 한 자리에 서 있을 필요 없이 그저 스토리만 말하면 된다.

헤드셋을 사용할 때 주의해야 할 딱 한 가지는 마이크의 위치다. 마이크가 입에서 너무 멀어지면 잘 들리지 않을 수도 있다. 이러한 이유로 투명 의료 테이프 등으로 마이크를 입 가까이 고정해 놓기도 한다. 테이프가 조명을 너무 반사하면 피부용이나 의료용 크림을 바르면 덜 빛난다. (진짜 프로의 팁이다.)

보디랭귀지

───── 무대에 서 있는 자세나 스토리텔러의 모습도 스토리를 듣는 관객들에게 영향을 준다. 내가 스토리텔링에서 즐기는 것이 하나 있는데 바로 스토리텔러의 자연스러운 보디랭귀지, 자세, 존재감이다. 이런 종류의 퍼포먼스는 개인에 따라 다르기에 자신의 자연스러운 말투, 행동, 모습을 보여준다면 굳이 바꾸지 않아도 된다!

반면에 특정 행동이나 습관이 다른 사람 눈엔 어떻게 비치는지 자각하고 있으면 도움이 된다. 무대에서 보여주는 모습과 보디랭귀지를 의식적으로 보여주면 분위기와 인상을 바꿀 수 있다는 사실도 알고 있으면 좋다.

공연은 그 사람의 개성이 드러나야 한다고 생각한다. 자신이 아닌 모습을 보여주기 위해 특정 행동을 보이는 건 권장하지 않는다. 관객이 진정성 없다고 생각하고 실제 겪은 스토리도 가짜라고 생각할 수 있기 때문이다. 긴장한 모습을 보이지 않기 위해 과장된 허세를 부리느니 그냥 어색하고 긴장한 모습을 보이는 게 차라리 낫다.

사실 관객들은 그런 거짓된 행동들을 쉽게 간파할 수 있고, 그로 인해 스토리나 스토리텔러의 다른 면도 거짓이라 생각해 진정성이 없다고 느낄 수 있다. 그러니 조심해서 행동하되 다음의 행동들도 고려해 보자.

아이 콘택트

일대일 대화와 마찬가지로 무대에서 아이 콘택트는 아주 강력한 보디랭귀지이다. 너무 밝은 무대 조명 아래에서는 관객과 전혀 눈을 맞추지 못할 수도 있다.

이런 종류의 조명에 익숙하지 않은 사람들한테는 무대에 오르기 전에 어떤 느낌인지 알면 도움이 된다. 관객과 어떤 종류의 소통도 하지 않기 때문에 '시선'은 무대 뒤쪽처럼 멀리 두는 게 좋다. 그럼 스토리를 말하면서 관객들을 '보는' 듯한 느낌을 준다.

다른 종류의 조명에서는 관객이 보일 것이다. 이런 경우 나는 스토리 한 부분을 말할 때 객석의 한 구역에 집중하는 식의 '시스템'을 사용한다. 문장이나 생각을 다 말하면 극장 내에 또 다른 사람, 구역, 부분에 시선을 옮긴다. 이런 식으로 하면 한 방향만 보지 않고 극장 전체에 스토리를 말하는 듯 보이며 객석 구역마다 '개인적으로' 주목을 받는 느낌이 들게 한다.

이런 시스템을 쓸 때 주의할 점이 있는데 선풍기가 회전하듯 고개를 계속 돌리지 말아야 한다. 굉장히 부자연스럽게 보인다. 친구들이 가득한 곳에서 그러진 않을 테니 무대에서 스토리를 말할 때도 주의해야 한다.

수많은 사람한테 아이 콘택트를 하거나 아이 콘택트를 한다는 느낌/착각이 들게 하면 공연자가 관객 자신에게 스토리를 말하는 느낌을 준다.

나는 가끔 스토리를 '생동감 넘치게' 하고 싶을 때 객석에서 내 스토리를 믿는 사람의 얼굴을 찾으면 도움이 된다. 미소 짓거나, 고개를 끄덕이거나 귀 기울이는 사람을 찾는다. 그리고 문구나 아이디어를 그 사람들에게 말한다. 그리고 그럴 마음이 생기면 그 사람들에게 직접 말하기도 한다. 한 사람을 뽑아 그 사람한테 말하면 전체적인 스토리 경험을 훨씬 친밀하고 가깝게 느껴지게 한다. 이런 방식을 쓰면 다른 관객들도 관심을 보일 수도 있다. 대본을 따라 말하거나 변화 없이 고정된 상황이란 느낌이 들지 않고 즉흥적이고 이 순간 일어나는 일이란 느낌이 들기 때문이다.

호흡 조절

스토리를 말하는 내 목소리를 녹음하기 전까지는 스토리를 말하는 도중의 호흡이 얼마나 중요한지 이해하지 못했다. 나는 스토리를 말하는 중 습관적으로 혀와 입천장으로 '딱딱' 하는 소리를 내고 있었다. 이와 연관되어 있다고는 하기 어렵지만, 이제는 말할 때 나 자신의 목소리를 듣게 되었다. 숨이 차거나 '딱딱'거리는 소리를 내기 시작하면 숨을 쉬라는 신호로 받아들인다.

스토리를 말할 때 호흡은 공연에 맛을 더하는 중요한 요소이다. 스토리텔러를 집중하게 하고 페이스를 완만하게 하거나 느리게 해준다. 그리고 스토리텔러의 머리에 산소를 공급해 스토리를 따라갈 수 있게 해준다.

반대로 스토리텔러가 조절을 하지 못하는 느낌이 들 때는 보통 스토리 비트나 디테일을 너무 급하게 말한다. 시간제한이 있는 쇼에서 그런 충동이 든다면 이해한다. '5분밖에 없어!'라고 생각하며 서두를지 모르지만, 7분 동안 급하게 말한 스토리보다는 좋은 5분짜리 스토리를 듣는 게 훨씬 낫지 않을까?

만약 내가 5분짜리 스토리를 말한다면 스토리텔러로서 완급조절을 포기하느니 차라리 여유롭게 말하며 장면과 비트, 혹은 디테일을 일부 생략할 것이다.

같은 선상에서, 스토리를 말하다 관객들이 집중하지 않는다고 느끼면 가끔은 바로 앞에 '좋은 부분'으로 빠르게 건너가고 싶어진다. 하지만 이와 반대로 관객들이 관심을 잃었다면, 혹은 아직 관객들의 관심을 '사지' 못했다면 오히려 속도를 늦춰야 한다. 숨을 고르고 자신의 스토리에 집중하자. 애초에 왜 이 스토리는 말할 가치가 있는지를 떠올리며 천천히 말하면 관객의 이목을 집중시킬 확률이 더 높아진다.

분위기 읽기

스토리텔링 쇼의 마지막 팁이다. 모든 극장은 분위기가 다르니 공연을 하기 전에 이를 분석하고 '분위기를 읽도록' 권장한다. 이런 스토리는 여기서 말하기 적절할까? 내가 있는 장소나 관객의 성향을 고려했을 때 더 나은 스토리가 있는가?

내 극단은 리자 로우랜드(Lisa Rowland)가 이끄는 BATS 임프로브(BATS Improv)에 속해있다. 그리고 최근 〈더 개더(The Gather)〉라는 쇼를 한 달 동안 열었다. 이 쇼에서는 스토리텔러와 애드리브 공연자가 짝을 지어 나왔다. 스토리텔러가 실제 있던 스토리를 말하면 애드리브 공연자가 이를 소재로 테마, 관계, 캐릭터, 주제를 탐구하며 장면들을 연기했다.

　다양한 인생 경험을 한 여러 스토리텔러를 섭외했는데, 웃기는 스토리뿐만 아니라 무대에서 탐구할 수 있는 주제를 최대한 다양하게 모아보았다. 화장실 개그나 하는 '술집 애드리브'가 아니었다. 실제 경험한 스토리를 말해 실제 같은 장면들을 연기하게 되고, 관객은 스토리텔러와 공연자들에게 더욱 깊은 공감대를 형성할 수 있었다.

　스토리텔러들은 다들 애드리브 공연자가 자신들의 스토리로 어떻게 '연기'를 할지 많이 궁금해했다. 어떤 사람들은 가벼운 스토리를 말했다. 예를 들어 밀턴 슈일러는 페인트 시공을 하다 사고 친 스토리를 말했다. 다른 이들은 좀 더 무거운 스토리를 말했다. 3858이라고 이름을 밝힌 스토리텔러는 코카인에 중독되어 교도소에 가게 된 스토리를 말했다.

　스토리텔러 모두 무대 세팅과 관객, 애드리브 공연자들의 구성 등을 보고 그 무대에 어떤 스토리가 어울릴지 판단했다. 나는 이 점을 깨닫고 찬사를 보낼 수밖에 없었다. 이들은 훨씬 더 깊고 강렬한 기억을 얘기해도 불편하지 않고 자신 있다는 뜻이었다.

　하지만 여전히 그레그 퀴로가(Greg Quiroga) 같은 스토리텔러들은 다른 스토리들의 반응을 보고 계획을 바꿨다. 진지하거나, 고통스럽거나, 감동적인 스토리를 연달아 말하면 좋을 수도 있지만 관객에게는 너무 무겁게 느껴질 수도 있다. 그래서 그레그는 분위기를 전환하기 위해 좀 더 가볍고 웃긴 스토리를 말했다.

　이와 반대로 〈더 모스 스토리슬램〉에 올라온 이들은 준비가 전혀 되어 있지 않았고 제대로 된 스토리텔러도 아니었다. 스토리를 말하며 음식을 먹거나 목표도 의미도 없이 서술이 왔다 갔다 해서 스토리도 주제도 없었다. 분위기를 읽지 못하면 결국 쇼 전체에 부정적인 영향을 끼치게 된다.

스토리텔링 쇼를 직접 프로듀싱 하기

자신과 자신이 속한 커뮤니티가 스토리를 말할 기회를 만들고자 하는 사람들을 위해 스토리텔링 쇼를 제작하는 데 필요한 기본 사항과 아이디어들을 제공하고자 한다.

필요 물품

스토리텔링 쇼를 만드는 데는 그리 많은 게 필요하지 않다. 필요한 건 단 두 가지이다.

- 쇼를 열 장소
- 스토리를 말할 사람

물론 행사 규모가 커질수록 더 많은 준비가 필요하다. 친구들을 모아 공원에서 스토리를 말한다면 마이크, 홍보, 조명 등은 필요하지 않을 것이다.

장소 아이디어

- 공공장소, 커뮤니티 센터, 도서관
- 술집 바, 음식점, 카페
- 극장, 학교, 대학, 종교 시설
- 미술관, 체육관, 병원

내가 스토리텔링 쇼를 기획하려 할 때는 몇 가지 장소를 선택해 직접 방문해 본다. 내가 이미 연락이 닿는 극장이나 자주 가는 카페, 비슷한 행사를 했던 장소들을 가본다.

장소에 따라 빌리는 데 비용이 필요하지 않을 수도 있다(손님들을 데려오니까). 어쩌면 대여, 사용, 청소 및 진행 인원을 고용할 비용이 발생할 수도 있다.

좀 더 규모가 커지면, 예를 들어 작은 극장을 빌렸을 때는 몇 가지 요소가 더 필요했다.

- 좌석표를 팔고 끊어줄 극장 인원
- 쇼를 진행하는 중 조명 및 음향 담당 인원
- 큰 행사에서 누가 무대에 올라가고 내려오는지 관리할 무대 관리 인원
- 나중을 위해 사진, 소리, 영상을 촬영할 촬영 인원
- 행사를 매끄럽게 진행하기 위해 좌석 안내, 청소 등을 하기 위한 자원봉사자 및 고용된 인원

이런 형식의 쇼가 좋은 점은 규모를 원하는 대로 맞출 수 있다는 점이다. 가정집 거실과 같은 아주 작은 규모에서 상상도 못 할 거대한 행사장까지 다양한 규모로 열 수 있다.

실행 계획

———— 몇 년 전 나는 〈항문적 독백〉이란 쇼를 기획했다. 크론병과 대장염을 위한 모금 행사였는데, 가까운 진지와 친구들이 이 두 가지 병으로 고통받고 있었다. 제목은 이브 엔슬러(Eve Ensler)의 《'질'적 독백(Vagina Monologues)》을 패러디한 것이었다. 이 쇼에서는 '항문'과 관련된 테마로 다양한 스타일의 짧은 공연을 했다.

첫 공연은 샌프란시스코 베이프런트(Bayfront) 극장에서 열었다. 금요일 밤 10시 30분에 시작하는 당일 마지막 행사였다.

섭외 과정은 두 가지였다. 아는 사람들에게 물어 관심 있는 이들을 섭외하기도 했고 인터넷 게시판에 공고를 올려 신청자들을 받았다. 신청자들에게는 대본, 이력서, 작품을 볼 수 있는 링크를 제출하게 했다.

짧은 시간 안에 꽤 규모가 큰 쇼를 열 수 있을 만큼 참가자를 모았다. 200명 규모의 극장 대여비 외에 다음과 같은 비용이 들었다.

• 시내에 붙일 광고 포스터 비용
• 인터넷 광고비
• 무대에서 깔끔하고 일관된 분위기를 내기 위해 이케아에서 구매한 의자

비용

- 배우 휴게실에 비치할 음식 비용
- 공연 후 회식 비용

이후 모든 공연자를 만나서 이들의 연기를 보고 필요하면 쇼에 잘 녹아들도록 조언이나 피드백을 주었다. 주로 할당된 시간에 맞도록 콘텐츠를 잘라내는 일이었다.

공연일이 다가올수록 나는 시간을 쪼개 여러 곳에 할애해야 했다.

- 언제 어떻게 진행되는지 모두 숙지할 수 있도록 행사장 관리자 및 공연자와 협의
- 인터넷 행사 게시판과 이메일을 통해 쇼를 홍보, 포스터 붙이기
- 일정 금액을 지불하고 웹사이트에서 좌석표 사전 예약

쇼를 진행하는 당일 밤, 실제 공연을 하기 전에 공연자와 진행요원들에게 순서를 숙지하게 했다. 이때는 공연자들이 어디에서 무엇을 해야 하는지 정해줄 수 있다. 오픈 마이크나 제비뽑기 스타일의 행사에서는 미리 신청자를 받고 필요한 서류를 작성하게 하자.

무대에서 쇼를 이끌 진행자 섭외는 선택사항이다. 〈항문적 독백〉처럼 미리 순서를 정해두면 진행자가 필요 없다. 그저 이전 공연자가 끝나면 무대에 오르라는 신호만 주면 된다. 〈더 모스〉 같은 다른 스토리텔링 쇼는 진행자를 두어 공연자를 매끄럽게 교체한다.

공연의 형태

내 기준에서 행사의 성공 여부는 '공연의 형태'에 달려 있다. 공연의 형태란 공연이나 행사를 짧은 공연들의 집합으로 보지 말고 행사의 전체 모습을 보는 게 중요하다는 뜻이다. 스토리텔링 쇼는 스토리의 집합체가 아니다. 행사 그 자체에도 처음, 중간, 끝이 있다.

고로 공연의 형태에는 고조와 하강, 웃음과 슬픔이 있고, 관객과 공연자 모두가 경험하는 페이스가 있다. 예를 들어 시간제한을 둘지 말지 정할 때 공연의 형태가 결정적 요인이 될 수 있다. 스토리 길이가 5분, 14분, 13분 등 일정하지 않으면 관객이 혼란스러워할 수 있다. 긴 스토리를 듣게 될지 짧은 스토리를 듣게 될지 관객의 예상을 조절함으로써 관객이 느끼는 공연의 리듬을 조절할 수 있다.

내가 오픈 마이크 쇼의 진행을 맡았을 때는 무대에 올라오는 스토리의 콘텐츠를 조절할 수 없었다. 하지만 진행자로서 스토리가 끝난 뒤 관객들의 분위기를 전환할 수 있었다. 내가 말하고자 하는 대략적인 방식은 이렇다. 공연이 잘 돌아갈 때는 뒤로 물러나야 한다. 다시 말해 스토리가 좋고, 관객의 반응이 좋으면 진행자로서 '내가 이렇게 했다'라고 하며 관심을 받으려 하면 안 된다. 마치 테니스 랠리하듯 좋은 분위기를 최대한 유지해야 한다.

반면 스토리가 조금 옆으로 샌다거나 관객들이 관심을 잃거나, 혼란스러워하거나, 반응이 좋지 않으면 진행자가 나설 차례다. 관객이 다시 공연에 집중할 수 있도록 스토리텔러가 교체되는 사이에 자기 일을 해야 한다.

예시를 하나 들어보자. 몇 년 전 경찰이 흑인을 쏜 일로 미국 전역이 들썩였다. 경찰의 과잉 대응으로 인한 사망 사건이 뉴스 머리기사를 장식했다. 흑인의 목숨은 소중하다(Black Lives Matter)는 기치를 걸고 무자비한 살인과 만행을 규탄하는 시위가 전국에서 벌어졌다.

이런 일들이 일어나던 2015년 어느 날 밤, 볼티모어 경찰이 구속한 프레디 그레이(Freddie Gray)가 부상을 당했고 결국 숨졌다. 그날도 전국적으로 시위가 벌어졌다. 그날 밤, 나는 샌프란시스코에서 '혼란'이라는 테마로 쇼를 진행하고 있었다. 테마는 뉴스로 세상이 시끄러워지기 한참 전에 정했었지만, 극장 내의 분위기는 긴장감으로 격양되어 있었다.

진행자로서 쇼를 시작하며 분위기를 띄울 때는 주로 가벼운 이야기를 한다. 그런데 누군가 볼티모어 사건에 대해 소리치며 모두가 그일을 기억한다고 했다. 가끔은 관객의 기분을 인식하고 인정하는 것만으로도 족하다. 당시 작은 극장 내에서 할 수 있는 일은 거의 없었다. 그래도 미국에서 일어나고 있는 어려운 문제와 이에 따른 시위와 비판을 인식하고 인정함으로써 극장 내 긴장이 완화되었다. 감정을 인식하고 인정하는 일과 마찬가지로 서로 스토리를 나누는 일은 단절된 시대를 살아가는 우리를 한 번에 하나씩 이어가는 일이다.

쇼가 절반 정도 진행될 무렵, 제비뽑기로 된 스토리텔러가 무대 위로 올라왔다. 한 번도 만나본 적 없는 이 사람의 이름은 수잔 바라캇(Suzanne Barakat)이었다. 그녀는 인종 차별 폭력으로 자택에서 오빠, 오빠의 부인, 언니가 살해된 스토리를 말했다. 아마 그 무대에서 들어본 가장 강렬한 스토리였을 것이다. 비극적이고 말도 안 되는 일로 가족을 잃은 자신의 아픔을 공유한 수잔의 스토리에 많은 관객이 깊은 연민을 느꼈다.

자, 〈스토리슬램〉에는 다양한 공연자들이 나온다. 진행자의 역할은 공연의 형태를 유지하거나 다듬는 일이다. 그럼 스토리가 끝나고 난 뒤 나는 어떻게 해야 할까? 내 마음의 절반은 그 자리에서 쇼를 끝내고 싶은 심정이었다. 하지만 아직 할 일이 있고 쇼를 진행해야 하는 책임감도 남아 있었다. 농담을 하면 수잔의 스토리와 관객이 느끼는 연민의 감정을 존중하지 않는 모양새가 된다. 그래서 그 순간을 관객에게 돌렸다. '옆에 있는 사람을 안아주세요.' 그 한마디에 객석에서 인류애가 피어났다. 상상도 못 할 슬픈 이야기를 들은 뒤 낯선 이들이 서로 포옹하며 감정을 표출하고 실제로 서로를 이어주었다.

아주 강렬하고 기억에 남는 순간이었다. 그러고 나서 다른 스토리텔러를 무대 위로 올렸다. 여기서 진행자의 역할은 분위기를 진정시키는 것이었다. 다음 스토리텔러가 불리하다고 느껴지거나 관객의 마음을 살 수 없는 상황에 무대에 올라간다는 생각이 들게 하면 안 된다. 관객들이 모든 공연자에게 최대한 부드럽고 수용적인 자세가 되도록 도와야 한다. 수잔의 스토리를 듣고 관객이 품게 된 감정을 표출하고 나면 다음 스토리텔러도 새롭게 시작할 수 있다.

위의 예시는 이미 극장에서 일어난 일로 발생한 에너지를 어떻게 쓰면 공연의 형태를 재구성하고 보존할 수 있는지를 보여준다.

또 한 번은 애드리브 연기로 재난에 가까운 상황에서 쇼를 극적으로 회생시킨 적이 있었다.

샌프란시스코에서 최초로 공연했던 〈더 모스 그랜드슬램〉에서 있던 일이다. 〈스토리슬램〉에서 우승한 10명의 스토리텔러들이 샌프란시스코 카스트로 극장을 가득 메운 1,400명의 관객 앞에서 스토리를 말하며 경합하는 자리였다. 나는 〈그랜드슬램〉의 진행자로 스토리텔러 인생에 가장 큰 규모의 공연을 맞이하게 됐다.

〈더 모스〉에서 진행자의 주요 역할은 공연의 흐름이 멈추지 않게 하는 것이다. 관객의 분위기를 띄워 스토리텔러에게 경청하게 만들고, 관객들이 무기명으로 낸 '쪽지'의 내용도 읽어주며 관객 참여를 유도한다. 관객 중 자원한 심사위원들의 점수표도 걷어야 한다.

쇼의 절반쯤 지났을 때 중간 휴식 시간이 끝나고 나서 다시 관객을 맞이했다. 모든 관객이 자리에 앉아 여섯 번째 스토리텔러의 스토리를 듣기 위해 기다리고 있었다. 그런데 바로 그때 마이크 소리가 완전히 나갔다. 아무 소리도 들리지 않는 정적이 흘렀다.

1,400명이 바라보는 무대 한가운데 서 있었다. 그중에는 〈더 모스〉 뉴욕 본부 경영진도 있었다. 기술자들이 바쁘게 프로그램을 점검하고 무슨 일이 일어났는지 알아내려는 가운데 모두가 나만 쳐다보고 있었다.

그날은 천만다행으로 내 아내가 객석 1열에 앉아 있었다. 내 아내 또한 애드리브 공연자였다. 아내는 그동안 봤던 모습 중 가장 멋진 모습으로 단 한마디를 던졌다. 그리고 그 한마디는 그날 밤 쇼를 완전히 바꿔놓았다. 그 단어는 바로 '효과음 내기'였다.

'효과음 내기'는 관객 참여형 애드리브 게임이다. 먼저 무대 위에서 공연자가 노래를 하거나, 문을 여닫는 등 '공간과 상호작용하는 장면'을 팬터마임으로 연기한다. 그럼 관객들은 다 같이 해당 장면에서 어울리는 효과음을 내줘야 한다. 나도 이 게임을 소규모 애드리브 쇼에서 많이 해봤었다. 하지만 1,400명이나 되는 사람들이 즉석에서 다 같이 효과음을 낼지는 알 수 없었다.

하지만 시도는 해볼 생각이었다. 그래서 마이크 없이 최대한 큰 소리로 설명했다.

"제가 어떤 장면을 연기하면 다 같이 소리를 내주세요, 알겠죠?"

"네!"

관객들이 다 같이 대답했다. 게임을 바로 시작했다. 내가 무대 왼쪽으로 걷기 시작하자 사람들이 발을 굴러 발소리를 내는 게 아닌가!

팔을 앞으로 뻗어 수도꼭지를 틀고 손을 씻는 연기를 했다. '쉬이이이이이이이이이' 극장의 2층 좌석을 가득 채운 1,400명이 내가 생각한 끝내주는 입체 음향을 입히기 시작했다.

수도를 잠그고 오른쪽으로 걸어갔다. 뚜벅 뚜벅 뚜벅 뚜벅. 무대 한가운데 멈춰서 오토바이에 올라타는 시늉을 했다. 관객들은 바로 무슨 소리를 내야 할지 알고 있었다. '부르르르릉!'

관객의 주의를 돌리기 위해 시작한 이 게임은 3~4분 동안 계속되었고 마침내 음향팀에서 오케이 사인이 왔다. 마이크가 다시 작동하기 시작했다.

다음 스토리텔러를 소개하고 자리에 앉자마자 이마에서 땀이 비 오듯 쏟아져 내렸다. 스포트라이트에서 벗어나자 심장이 미친 듯이 빨리 뛰었다. 나는 방금 무슨 일이 있었는지 되짚어보았다. 말 그대 로 아무것도 없는 상태에서 관객의 시선을 사로잡고 있었다니 말도 안 되는 일이었다. 소리도 없었고 소품도 없었다. 그저 간단한 게임 하나만 했을 뿐이었다. 어떻게든 공연의 형태를 유지했던 이 경험은 절대 잊을 수 없을 것이다.

누구나 나처럼 할 수 있을 거라 생각한다. 그 순간에 무대에서 무 슨 일이 일어나는지, 그 장소에서, 그 커뮤니티에서 무슨 일이 일어 나는지 집중하면 된다. 진행자가 집중할수록 관객들도 무대에 서 있 는 사람한테 집중할 것이다.

공연 순서

오픈 마이크나 〈스토리슬램〉 같은 공연을 주최하지 않는다면 보 통 공연 순서를 정하게 된다. 나 또한 많은 행사를 기획하며 다양하 고 넓은 범위의 공연과 스토리텔링 스타일의 균형을 맞춰왔다.

〈항문적 독백〉을 공연할 때 한번은 뮤지컬 코미디와 진지한 분위 기의 행위 예술의 균형을 맞춘 적이 있다. 크론병으로 인한 고통스 러운 삶을 보여주는 멀티미디어 슬라이드를 보여주는 행위 예술이 었다. '항문'이라는 단어 하나 외엔 아무런 공통점이 없는 말도 안 되게 뒤죽박죽인 공연이었다.

이런 공연을 기획하면서 중요한 교훈을 깨달았다. 각각의 공연자나 스토리는 관객과 함께 일종의 '여정'을 떠난다. 감정적일 수도, 지적 여정일 수도 있다. 각각의 스토리는 쇼에서 비치는 모습 그대로 보인다. 어떤 스토리는 평이하게 시작해서 슬프게 끝난다. 어떤 스토리는 힘없고 침울하게 시작하다 끝에는 에너지 넘치고 소리를 지르며 끝난다. 어떤 스토리는 미스터리하게 시작해서 웃기게 끝난다. 이런 스토리를 쇼에서 배치할 때 중요한 요소는 바로 스토리 비트에 있다. 스토리의 시작과 끝을 보고 순서를 정하자.

예를 들어 나는 스토리텔링 쇼를 보통 공감할 수 있고 가볍고 웃긴 스토리로 시작하는 걸 좋아한다. 분위기도 띄울 수 있고 관객들이 스토리를 경청하고 몰입하며 즐거움도 느낄 수 있다. 분위기를 '띄워놓고' 스토리를 마무리하면 다음 순서에는 '분위기를 타고' '에너지 넘치는' 스토리나 비슷한 분위기의 스토리를 넣으면 된다.

이렇게 하면 패턴이 생기고 관객들은 행복감이나 호기심을 느끼기도 하고 몰입할 수도 있다. 첫 두 스토리로 이러한 신뢰를 형성하고 나면 변화구를 던질 수 있다. 분위기를 바꿔 이상한 스토리, 좀 더 어두운 스토리, 혹은 '그 외 기타' 종류의 스토리로 분위기를 바꿀 수 있다. 그렇게 분위기 다른 스토리들을 섞어 듣고 나면 관객들의 예상 범위가 넓어진다. 관객이 한번 패턴을 경험하게 한 뒤 패턴을 부순다. 그럼 다음에는 무엇을 들을지 관객의 호기심을 자극하게 된다.

스토리의 시작과 끝과 관련해 또 한 가지 고려할 점으로는 스토리들을 어떻게 짝지을지 고민해 봐야 한다는 점이 있다.

- 스토리 1: 평이하게 시작해 에너지 넘치게 끝남

- 스토리 2: 에너지 넘치게 시작하고 따뜻하게 끝남

- 스토리 3: 따뜻하게 시작해서 화나는 일로 끝남

- 스토리 4: 강렬하게 시작해 웃기게 끝남

- 스토리 5: 웃기게 시작해서 폭소로 끝남

천천히 관객들을 이끌며 공연의 시작에서 끝으로 여정을 떠나는 것이다. 쇼의 소재는 계속 바뀔 수 있으므로 소재에 연연하지는 말자. 대신 쇼가 진행될수록 관객을 점차 더 깊이, 더 심도 있는, 훨씬 개인적인 영역으로 인도해야 한다.

한 행사에 10가지 스토리가 있다면 가장 진지하거나 임팩트 있는 스토리를 거의 마지막 순서, 일곱 번째에서 아홉 번째 정도에 둔다. 그럼 관객들은 롤러코스터를 타듯이 기분 좋고 에너지 넘치는 스토리에서 시작해 점점 더 깊이 진지하거나 감동적인 스토리를 듣고 마지막에는 다시 에너지 넘치는 스토리로 마무리한다.

나는 개인적으로 쇼가 끝나고 극장을 나설 때 스토리로 인해 무언가 변한 느낌을 받고 싶다. 아이라 글래스(Ira Glass)는 자신이 기획한 두 가지 쇼의 형태가 비슷하다고 했다. 이 둘은 〈내가 배운 일곱 가지(Seven Things I Learned)〉라는 쇼와 〈디스 아메리칸 라이프(This American Life)〉라는 라디오 프로그램이다.

"영화 〈지붕 위의 바이올린〉은 세 딸을 시집보내려는 남자에 대한 코미디로 시작합니다. 각각의 딸이 점점 더 부모님 마음에 안 드는 남자를 데려오면서 줄거리는 점점 더 심각해지죠."

코미디에서 비극으로 옮겨가는 극의 서술은 글래스의 라디오 프로그램 〈디스 아메리칸 라이프〉의 구성과 같다. 개인적인 스토리에서 '훨씬 더 큰 인간적인 무언가'로 옮겨간다. 글래스는 이 방식을 두고 〈지붕 위의 바이올린〉이 〈디스 아메리칸 라이프〉에 준 또 다른 영향이라 한다.

어떤 쇼라도 이런 방법을 도입할 수 있다. 스토리 줄거리를 기준으로 소규모, 개인적, 코믹한 스토리를 시작으로 점점 더 진지해지고, 개인적이고, 가슴 아픈 스토리를 뒤로 가게 배치하면 된다. 내가 공연 순서를 정하는 또 다른 기준이 있다. 분위기를 '고조'시키는 스토리를 먼저 배치하고 뒤로 갈수록 '가라앉는' 스토리를 배치한다. 롤러코스터를 타고 올라갔다가 내려가듯 기분 좋은, 웃기는, 재밌는, 혹은 액션 활극 스토리를 먼저 들으면 관객들이 좀 더 무겁고 의미 있는, 차분한 스토리를 받아들이기 쉽다. 이 전략을 염두에 두고 다음 〈항문적 독백〉의 마지막 공연 순서를 살펴보자.

- M.I. 블루 '소리의 시'
  −조용하게 시작해서 큰 소리로 끝나는 한 남성의 성생활
- 마크 그라우든(Mark Growden) '추잡함'
  −문신한 음유시인이 아코디언으로 연주하는 음침한 왈츠가 흘러나온다.

왈츠는 그가 사랑하는 이와 했던 '추잡한 짓'을 그리워하는 내용이다. 그 뒤의 스크린에는 그와 성인용 인형의 관계를 그린 슬라이드쇼가 나온다.

- 제니퍼 캐슬(Jennifer Castle) '크론'
  - 크론병 환자의 삶에 대한 짧고 슬픈 스토리. 불치병으로 인한 고통과 부끄러움을 깊이 탐구하며 끝에는 긍정적이고 희망찬 마음으로 활기차게 마무리한다.
- 다니엘 와이즈(Daniel Weiss) '들어오지 마오 (내 항문에 대한 노래)'
  - 제약이 뒤따르는 몸에 대한 사연을 음악으로 승화했으며 나중에는 강-약-약 박자로 악단 전체가 노래를 부른다.

쇼의 흐름에 균형을 맞춘다면 거의 모든 공연자의 순서를 정할 수 있다. 행사 전체의 균형이 맞으면 된다. 너무 긴 콘텐츠는 쇼의 중심이 되는 경우가 아니라면 전체 흐름에 잘 녹아들지 못하는 편이다. 반대로 아주 짧은 콘텐츠는 분위기를 환기하는 효과가 있다. 특히나 약한 스토리나 무거운 스토리 뒤에 오면 빛을 발한다. 아주 짧은 콘텐츠로 분위기를 전환하면 훨씬 더 긴 스토리나 공연을 예상하던 관객에게 예상치 못한 즐거움을 준다.

온라인 스토리텔링 쇼

코로나 팬데믹으로 인해 전 세계가 봉쇄된 가운데 온갖 종류의 예술가들과 공연가들은 라이브 공연에서 벗어나 기발하고 신나는 방법으로 인터넷 기술을 사용해 공연을 하고 전 세계 관객과 소통하고 있다. '사회적 거리 두기'라는 예상치 못한 제한으로 인해 공연자들이 한자리에 모일 수는 없지만, 이는 애드리브 공연자의 마음가짐을 행동으로 옮긴 훌륭한 사례가 되었다. 내게 주어진 수단을 활용해 예상치 못한 일에 대응하고 현재 상황에 적응하는 것이다.

화상회의 소프트웨어

────── 스카이프, 줌, 구글 챗, 페이스타임 같은 소프트웨어는 화상회의나 원격 회의에 쓰이지만 서로 멀리 떨어져 있는 공연자들을 모을 때도 유용하다. 줌은 모든 공연자를 한번에 보여줄 수 있는 '갤러리 모드'와 공연할 때 한 명의 화면만 보일 수 있는 '발표자 모드'가 있다. 이러한 기능으로 스토리텔링 쇼를 보러 극장에 온 듯한 기분을 낼 수 있다.

이러한 행사들은 별 어려움 없이 유튜브 라이브, 페이스북 라이브, 트위치티비 등에서 전 세계 관객들을 위해 생방송으로 진행할 수 있다. 어떤 경우에는 티켓을 구매한 사람에 한해 스트리밍에 접속할 수 있도록 비밀번호를 걸어두기도 한다. 다른 경우 무료 상연을 하며 스트리밍 도네이션(기부)을 부탁하기도 한다.

나는 이런 온라인 쇼가 정말 재밌다. 물리적으로 같은 장소에 모이지 못해도 우리 주변에 있는 도구와 기술을 재활용해 예술을 표현하는 것은 물론 사람과 사람을 이어줄 수 있다는 점이 신기하기까지 하다. 이러한 점은 스토리텔링의 특성과 일맥상통한다.

이런 방식으로 공연을 할 때 마주하는 한 가지 어려운 점이 있다. 바로 실제 관객을 보지 못하고 조용한 곳에서 공연해야 한다는 사실이다. 주방에서 혼자 스토리를 말하고 있으니 관객이 웃는 소리와 같은 반응을 들을 수 있을 리가 있나! 화상회의 소프트웨어에서는 '채팅'이 소통의 기능을 담당한다. 관객들의 소리를 들을 수 없어도 채팅에서 스토리텔러나 공연자를 응원하는 글을 볼 수 있다.

마치며

독자분들께서 이 책을 즐겁게 읽으셨길 바랍니다. 또한, 스토리, 스토리텔링, 창의력, 애드리브 연기 등 목표로 향하는 여정에 도움이 됐길 진심으로 바랍니다. 매일 새로운 것을 배우고 경험해가는 인생이라는 스토리 골조 안에서 처음으로 출간한 책입니다. 이 책에 대한 피드백도 좋고, 다음 책에 넣으면 좋은 아이디어도 환영합니다. 물론 여러분의 스토리도 대환영입니다! 제 홈페이지, 페이스북, 인스타그램 페이지를 방문하시면 더 많은 소재와 강의는 물론 스토리를 찾아보실 수 있습니다. 또한 저를 직접 보고, 듣고, 여러분의 스토리를 말할 기회도 있습니다. 피드백이 있다면 제게 직접 보내주세요. 이 책이 마음에 드셨다면 이 책을 좋아할 만한 분들과 공유하시고 리뷰도 남겨주세요!

읽어주셔서 감사합니다!

도움 주신 분들

이 책을 만들 수 있게 도와주신 모든 분께 감사드립니다. 우리 로 즌 친척들은 물론 제리와 맥신에게 감사합니다. 담당 편집자인 브렌 다 나이트와 출판사에 감사합니다. 책을 낼 수 있게 해준 랜디 페이 저에게 감사합니다. 스티븐 로즌, 아담 로즌, 미치 템플, 레일라 체슬 로프, 제프 핸슨, 라라 누아르, 밀턴 스카일러, 에바 슐레신저, 랜디 비어드, 데이브 마호니, 테드 재커리와 마리안 재커리를 포함해 시 간, 에너지, 아이디어, 스토리를 내어준 친구와 동료들에게 감사합 니다. 모스 뱃츠 임프루브, 티펫 스튜디오, 라이팅 패드를 포함해 제 가 스토리텔링을 나누고, 듣고, 배운 모든 극장과 커뮤니티에 감사 합니다. 마지막으로 내가 그동안 말하고, 앞으로 말할 스토리의 일 부가 되어주는 우리 가족 놀리, 헤리, 제니 로즌에게 감사합니다.

홈페이지: www.coreyrosen.com

이메일 주소: storytelling@coreyrosen.com

인스타그램 페이지: instagram.com/storyrosen

페이스북: fb.me/StoryRosen

스토리텔링 대화법

초판 1쇄 인쇄일 | 2022년 9월 5일　초판 1쇄 발행일 | 2022년 9월 15일

지은이	∣	코리 로즌
옮긴이	∣	김완교
펴낸이	∣	강창용
편집	∣	신선숙 강동균 강석호
디자인	∣	godesign
영업	∣	최대현

펴낸곳	∣	느낌이 있는 책
출판등록	∣	1998년 5월 16일 제10-1588
주소	∣	경기도 고양시 일산동구 중앙로 1233(현대타운빌) 302호
전화	∣	031-932-7474
팩스	∣	031-932-5962
이메일	∣	feelbooks@naver.com

ISBN 979-11-6195-179-9 03190

• 책값은 뒤표지에 있습니다.　• 잘못된 책은 구입처에서 교환해드립니다.